U0918937

—— 作者 ——

A.C. 格雷林

伦敦大学伯克贝克学院哲学高级讲师、牛津大学圣安妮学院特约研究员。著有《维特根斯坦与哲学》《哲学逻辑导论》《驳怀疑论》《贝克莱：中心论证》等作品。格雷林担任《卫报》专栏作者多年，并为《观察家》《经济学人》等刊物撰稿。

[英国] A.C. 格雷林 著　张金言 译

罗素

牛津通识读本 ·

Russell

A Very Short Introduction

译林出版社

图书在版编目（CIP）数据

罗素 /（英）A.C.格雷林（A. C. Grayling）著；张金言译. —南京：译林出版社，2023.1
（牛津通识读本）
书名原文：Russell: A Very Short Introduction
ISBN 978-7-5447-9374-2

Ⅰ.①罗… Ⅱ.①A… ②张… Ⅲ.①罗素（Russell, Bertrand 1872–1970）– 思想评论 Ⅳ.①B561.54

中国版本图书馆 CIP 数据核字（2022）第 137052 号

罗素 ［英国］A.C.格雷林 / 著 张金言 / 译

责任编辑 王 蕾
特约编辑 荆文翰
装帧设计 韦 枫
校 对 孙玉兰
责任印制 董 虎

原文出版 Oxford University Press, 2002
出版发行 译林出版社
地 址 南京市湖南路 1 号 A 楼
邮 箱 yilin@yilin.com
网 址 www.yilin.com
市场热线 025-86633278
排 版 南京展望文化发展有限公司
印 刷 南京新世纪联盟印务有限公司
开 本 850 毫米 ×1168 毫米 1/32
印 张 5.25
插 页 4
版 次 2023 年 1 月第 1 版
印 次 2023 年 1 月第 1 次印刷
书 号 ISBN 978-7-5447-9374-2
定 价 59.50 元

序　言

赵汀阳

“牛津通识读本”《罗素》的作者格雷林是分析哲学名家，由他来写一本介绍罗素的书，自然是十分贴切可靠。本书的译者是张金言教授，他在20世纪80年代就大量介绍和翻译分析哲学，是改革开放时代关于分析哲学最早的译者和研究者之一。张金言先生早年毕业于民国时期的老北大英文系，英文极好，后来做英美哲学研究，尤精于分析哲学。记得20世纪80年代向张先生请教过分析哲学英文原著中的若干问题。那时候读过张金言先生翻译的不少文字，我敢说张先生的翻译几近完美，称得上信达雅。张先生为人十分低调，是我见过的最谦逊的学者。

罗素获得过诺贝尔文学奖，但使罗素名垂青史的功业却不是他那些堪称英文典范的政论和散文，而是他在数学–逻辑和哲学上的成就，即他所代表的“逻辑派”数学基础理论和他作为代表之一的逻辑分析哲学。罗素的这两项贡献都有着同样不可替代的历史地位，如果以其成就的分量而言，罗素的“逻辑派”数学理论恐怕比之其分析哲学更有探索性和深度。我愿意说，罗素首先是个伟大的数学家，其次是哲学家，最后才是文学家。

在此书中，格雷林表现了对罗素的偏爱，格雷林暗示说，在分析哲学的几个主要代表人物中，罗素可能是最全面的代表，甚至比弗雷格和维特根斯坦还要重要一些。这倒与通常的评价有些出入。弗雷格通常被认为是分析哲学的主要技术来源，维特根斯坦则是分析哲学的主要思想来源，而罗素最早对分析哲学进行了全面系统的表述，据此，就原创性而言，弗雷格和维特根斯坦对于分析哲学的贡献应该超过罗素。当然，罗素对分析哲学的论述确实具有全面的代表性，他把数理逻辑和英国经验论的传统加以结合而奠定了逻辑分析哲学的基本表述风格。尤其是他的摹状词（description）理论构成了分析哲学的经典问题和理论，引发了分析哲学的一个核心争论（斯特劳森等参加），最终发展出超越了经验论局限性而得到广泛认同的蒯因“存在论承诺”理论。

罗素在《数学原理》（与怀特海合作）中表述的数学基础“逻辑派”理论十分强悍，其中那种前无古人后无来者的数学雄心，恐怕只有希尔伯特的“形式派”理论可以与之匹敌。数学基础理论的“逻辑派”、“形式派”和“直觉派”曾经三足鼎立，开创了现代数学的大格局，其中，逻辑派最为激进，是完美主义的激进典型，但也漏洞最多，对逻辑派特别反感的直觉派则可以说是保守主义。罗素所代表的逻辑派其实并非罗素的原创，其理论意向最早可以追溯到莱布尼茨，而略早于罗素的弗雷格和狄德金则已经明确了逻辑派的理想，即数学的基础是逻辑，数学只是逻辑的延伸，因此数学应该都能够还原为逻辑。但罗素无疑是逻辑派的集大成者，尤其是，他与怀特海合作的《数学原理》确实由逻辑推导出了大部分数学而轰动一时。但数学家们很快发现逻辑派有着严重的可疑之处：罗素以逻辑推导数学时居然使用了属于集合论的无穷公理和选择公理。这是偷梁换柱的手法，但对于罗素来说却也别无选择。如果不用无穷公理，就无法处理数学所需的“无穷性”，甚至连自然数系统都构造不出来，那样的话，数学就失去基本的立足之处；如果不用选择公理，大量非常有用的数学定理就无法推导出来，而削足适履的数学就会变成残废，显然得不偿失。所以，罗素必须“有条件”地引入无穷公理和选择公理。显然，罗素知道，逻辑的能力限于形式关系，因此必须借用数学的无穷公理和选择公理，以便能够确定某种或无穷的数学对象的存在。所以，罗素终究必须预支数学的能力来帮助逻辑去推导数学。另外，逻辑派的理论在思想上还有一个可疑之处：假如逻辑能够推导出全部数学，那么数学就只是纯形式的关系，基本上由重言式命题组成，这样就很难解释数学的创造性以及不断从经验和想象中获得的新概念。因此，直觉派数学家就声称，逻辑派颠倒了数学与逻辑的关系，数学不能还原为逻辑，相反，逻辑应该是数学的一个部分或一种特殊情况；确切地说，逻辑只是基于“有限集合”条件的思维，而数学才是面对无穷性的思维。尽管逻辑派有许多疑点，无论如何，逻辑派的努力极大地促进了数学公理化方法的成熟，至少在逻辑领域内实现了数理逻辑的公理化，这应该是罗素的真正不朽的伟大成就，它比罗素被广泛阅读的那些关于自由、和平和幸福的有趣而流俗的文字深刻得太多。

2017年7月19日

目 录

前　言

罗素寿命很长，建树甚多。他属于比较少见的一类哲学家：这些人的名字广为人知，他们靠其生平和著作似乎已经成了所代表的伟大思想传统的象征。罗素在同时代人中享有的声誉来自他对社会、政治和教育的争论做出的多方面的（往往是极有争议性的）贡献。但是他取得不朽名声的资格却建立在他对逻辑和哲学所做的卓越的技术性贡献上。在以下篇幅中我将综述他一生在这两个领域中的工作。贯彻全书的目的是用简短的篇幅做出最清晰的表述。本书并不是要对哲学论证进行详细的判断，更不是要研究数理逻辑中的技术细节，所以我把大部分篇幅用在讲明事实上；但是我也尝试讨论某些题目，想进一步探讨它们的读者可以参阅延伸阅读书目所列的文献。这些文献是向已在岸边浪花中涉足，也许愿意下水游泳的人指出的门径。然而，对于逻辑和数学没有特别兴趣的读者可以略过第二、第三两章，而去集中阅读第一、第四两章所讲的罗素生平经历和对公众性争论的贡献。

我感谢基思·托马斯和牛津大学出版社眼光敏锐的审稿人的意见，感谢肯·布莱克维尔的及时帮助和罗素档案馆提供的文件，还感谢阿莱克斯·奥伦斯坦和雷·蒙克的有关而中肯的讨论，另外也对琳娜·穆基的索引工作表示谢意。

我将本书献给苏珊——“dulces dominae Musa Licymniae cantus, me voluit dicere”。[①]

A.C.格雷林

1996年于伦敦

① 原文为拉丁文，意为“女主人李居姆尼娅的优美诗歌，缪斯希望我吟唱”。——译注，下同

第一章

生平与著作

罗素是20世纪最著名的哲学家之一。他的名声（有时是不好的名声）主要是由于他参与社会和政治争论得到的。在差不多60年的时间里，他曾是一个大家熟悉的公众人物。在通俗的报章杂志上，他有时是个遭受诽谤的对象，而有时（在受到尊敬的时期）则是个权威性人物；在担当后一种角色时，他也曾上电台发表广播演说。他对于战争与和平、道德、两性关系、教育和人类幸福都发表过很多意见。他发表过许多通俗的著作和文章，他的见解给他带来了非常不同的反应，从被判入狱到获得诺贝尔奖。

但是他的最大贡献和声誉的真正基础却在逻辑和哲学这些专门领域。他对20世纪英语国家的哲学的内容和风格所产生的影响极其普遍而深入，实际上是无所不在。哲学家们使用他的著作所提出的技术和思想而不感到有必要提起他的名字（有时是认识不到有这种必要）；这才显示出真正的影响力。这样看来，他对哲学的贡献比起他的学生路德维希·维特根斯坦来要重要得多。哲学从维特根斯坦那里学到一些有价值的东西，但是从罗素身上却获得一个整体框架，构建人们现在所说的“分析哲学”。

在这个名称中“分析”的意思是指使用来自形式逻辑的方

法和思想，对哲学上重要的概念以及体现这些概念的语言做出严格的分析。当然，分析哲学并不是单靠罗素一个人创建的。他曾受到逻辑学家皮亚诺和弗雷格以及他在剑桥的同事G.E.摩尔和A.N.怀特海的影响。其他影响则来自笛卡尔、莱布尼茨、贝克莱和休谟等17、18世纪思想家。实际上他的第一部哲学著作就是以同情的态度做出的关于莱布尼茨的研究。但是他把这些影响集聚起来，使之成为一种研究哲学问题的新方法，应用锐利的新逻辑来阐明这些问题。这就是说，他在革新20世纪英语国家哲学传统上起着至关重要的主导作用。

因此罗素既是一位被当作圣贤和人类导师的通俗意义上的哲学家，又是一位学术专业意义上的哲学家。在以下各章中我将讲述他以这两种哲学家面貌做出的贡献。在本章中我将概述他那漫长、丰富，有时还充满激荡起伏的一生，就其全部内容和多样性来讲，它构成了现代最崇高的个人传记之一。

伯特兰·阿瑟·威廉·罗素于1872年5月18日生于名门望族，属于贝德福德公爵家系中最幼的一支。他的祖父是赫赫有名的约翰·罗素勋爵，曾提议通过1832年的议会选举法修正法案，成为走向议会民主化的第一步。约翰勋爵曾两度任英国首相（1846年至1852年，1865年至1866年），并由维多利亚女王将其晋升为伯爵。罗素的外祖父奥尔德雷的斯坦利勋爵曾是约翰勋爵在政治上的盟友。

罗素的父母是奇特而引起争议的一对，他们献身于进步事业，比如主张计划生育和争取妇女的投票权。他的父亲安伯利子

图1　罗素一家，1863年。照片中包括：家庭教师瓦格纳、伯特兰·罗素的叔叔威廉·罗素、罗素夫人、罗洛·罗素（另一个叔叔）、乔治（约翰勋爵在第一段婚姻中生下的女儿）、安伯利勋爵、约翰·罗素勋爵和阿加莎·罗素（伯特兰·罗素的婶婶）

爵选定约翰·斯图亚特·密尔作为他非宗教意义上的教父。密尔死时罗素还不满1周岁，所以对他的影响尽管很大，却是间接的。

安伯利曾当过短期的下院议员，但是他的政治生涯却因大家知道他支持避孕的看法而被葬送。安伯利夫妇的进步思想可以从他们聘请D.A.斯包尔丁做罗素兄长弗朗克的家庭教师这件事上看出来。斯包尔丁是一位聪慧的年轻科学家。他患有严重的肺病，因而不能结婚成家。安伯利夫妇认定这不是他必须独身的理由，所以罗素的母亲“让他同她一起生活”（照罗素在其《自传》

中的说法）。罗素还补充说，“虽然我没有证据表明她这样做得到了什么乐趣”（《自传》，第12页）。

罗素的母亲和姐姐在1874年因患白喉症去世，当时他才2岁，紧跟着18个月以后父亲也离开人间。安伯利已经为他的儿子们找好两个不可知论者当他们的监护人，斯包尔丁便是其中之一。但是他们的祖父母（罗素勋爵和夫人）却极力反对。他们提出诉讼，想推翻安伯利的遗嘱，让孙子们在彭布洛克乡馆同他们住在一起。这座乡馆是里希蒙园中由皇家赏赐的宅邸。比罗素长7岁的弗朗克觉得那里的生活无法忍受，于是起而反抗。他被送到学校去住。伯蒂[①]则比较听话，性情又温和，就留在家中。仅仅过了三年，他的祖父便去世了，从此他就完全处在他祖母的影响之下。祖母是位古板严谨的苏格兰长老会教徒，是第二代敏托伯爵的女儿。罗素的性格往往被说成是受他贵族出身的影响，（在看来需要的时候）出身甚至可以成为性格的辩护理由。但是最早塑造他性格的却是他祖母的清教主义；它代表中产阶级的而不是上层阶级的维多利亚时期的风尚。她在罗素12岁生日时赠给他一本《圣经》，扉页上写下了她喜爱的一句箴言：“汝不应随众作恶。”这句话成了罗素终生信守的准则。

罗素的童年生活很孤独，但首先并非不快乐。他有德国和瑞士保姆，在很早的时候讲德语就同讲英语一样流利；他爱上了彭布洛克乡馆那片广阔的土地，从那里可以看到周围乡间的美景。

① 伯特兰·罗素的昵称。

他写道："我熟悉花园的每个角落，我年复一年地去一个地方寻找报春花，去另一个地方寻找红尾鸲的窝巢，还有从一簇常春藤中长出来的刺槐花。"（《自传》，第26页）但是随着青春期的来临，不管在情感上还是理智上，他的孤独越来越让他痛苦。他在与他各方面都相距甚远的一家老人当中显得很孤单。前后更替的家庭教师是他与外面大世界唯一的脆弱联系。然而他还是靠大自然、书籍和稍后的数学才免于遭受精神上过大的痛苦。他的一位叔叔对于科学很有兴趣，并把这种兴趣传递给他，帮助激发他的精神觉醒，但是真正划时期的事情却发生在他11岁的时候，当时他的哥哥开始教他几何学。罗素曾说那种经验"同初恋一样令人眼花缭乱"（《自传》，第30页）。在他与理解前面的命题一样容易地掌握了第五命题之后，弗朗克告诉他说，人们通常觉得这个命题很难，这是有名的"笨人难过的桥"，它使许多刚刚开始的研究几何学的历程停步不前。罗素写道："这是我第一次看清我也许有些智慧。"但是美中不足的是，欧几里得几何是从公理开始的，而当罗素要求对公理加以证明时，弗朗克就回答说，公理是必须承认的，不然几何学就不能展开。罗素勉强接受了这个意见，但是当时在他心中引起的怀疑却一直保留下来，决定了他以后在数学基础方面的工作进程。

1888年罗素去陆军中一个专教考试功课的教师那里做寄宿生，准备参加剑桥大学奖学金考试。他在那里度过了一段不愉快的时光，因为他看到了有些年轻人的粗俗举止。然而他还是获得了上三一学院的奖学金，并于1890年10月入学攻读数学。

图2　欧几里得最为著名的数学论著《几何原本》扉页

他觉得自己好像迈步走进了天堂。阿尔弗雷德·诺思·怀特海（日后罗素同他合作写出了《数学原理》）审阅过他考奖学金的试卷，嘱咐一些天资较高的大学生和讲师对他多加照顾。因此他觉得周围都是些志趣相投的人，思想上不再与人隔绝，而建立在相互交流的兴趣和智慧上的友谊也终于向他敞开了大门。

罗素在头三年中攻读数学，到第四年他进修哲学，教师有亨利·西奇威克、詹姆斯·华德和G.F.斯托特。黑格尔派哲学家J.M.E.麦克塔加特当时在剑桥学生和年轻教师中间很有影响力。他引导罗素相信由洛克、贝克莱、休谟和约翰·斯图亚特·密尔所代表的英国经验主义失之“粗糙”，还把他的兴趣转向康德，特别是黑格尔身上来。在斯托特的影响下，罗素成了新黑格尔派牛津哲学家F.H.布拉德雷的推崇者，认真研读他的著作，后者倡导被称为“观念论”的哲学观点的一种说法。

但是对罗素起到决定性影响的却是一位比他年轻的同代人。这人便是G.E.摩尔，他同罗素一样，开始是个黑格尔主义者，但是不久便抛弃了这种哲学，并说服罗素也这样做。布拉德雷论证说，常识所相信的一切事物，例如由事物组成的世界的繁多性和变化都只是表象，而实际上实在却是单一的精神性质的绝对事物。罗素与摩尔都怀着欣喜若狂的解放了的感受驳斥了这种观点。虽然他们此后发展的道路各不相同，特别是罗素努力去找寻令人满意的其他观点，两人的哲学工作都完全以实在论和多元论（参见第34—35页关于这些名词的说明）作为前提。

但是摩尔领导的反叛来得较迟。1893年罗素在数学荣誉学位考试中获得甲等，名列及格者第七名。他在第二年的道德科学（在剑桥大学“道德科学”通常用来指哲学和经济学这类学科）荣誉学位考试中又取得甲等优异成绩。其后他便开始写一篇研究员资格论文，论述几何学的基础，这是代表他当时看法的康德主义习作。在这些令人兴奋的事件过程中，他已长大成人，因而可以不顾家人强烈的反对，自由去做他一直计划做的事情，即与艾丽丝·皮尔索尔·史密斯结婚。艾丽丝长他5岁，是美国贵格会教徒。他在1889年见到她，很快便产生爱情，尽管四年以后她才

图3　艾丽丝·皮尔索尔·史密斯，美国贵格会教徒，罗素的第一个爱人。罗素17岁时与她相识，四年后，即1894年与她成婚

回报他的感情。罗素家人认为她非常不合适，告诉他说无论如何他不能生育子女，因为在他的家庭中有精神不正常的情况——伯父威廉曾因精神失常而进过精神病院，姑母阿加莎则有过妄想并且越老越古怪，这两件事都被举出作为证明。

罗素家人为了使他远离艾丽丝，安排他去巴黎任英国使馆名誉随员。他们无疑希望这个"道德败坏的90年代"首都的诱惑也许会满足驱使他走向婚床的任何冲动。但是他的祖母强加给他的清教徒式的教育总的说来是太有效了；这就扼杀了这个计划，他在家信（可以说是拘谨古板的典范）中抱怨巴黎人生活如何不好。他写道："巴黎的每个人都很坏，人们只要看一下周围，便会见到某种对爱情的亵渎——这使我由于充满憎恶而颤抖。"等他能够支配自己的财源（他每年有一笔600英镑可观的遗产收入，他的新娘也有钱），他就立即同艾丽丝结婚，起初还生活得很幸福。

罗素的论文使他在三一学院获得一笔有一定期限的研究员补助金而不担任任何工作，即不必在剑桥教课和住在校内。因此他与艾丽丝去了柏林。罗素在那里研究了德国的社会民主并为此写出了一本书。这是他生前最早出版的一本书，是他总计达71本书和小册子（还不算他那些多不胜数的文章）这个了不起的著作数量当中的第一本。他在柏林萌发了要沿着两个方向进行一项庞大研究的想法：一是探讨自然科学，另外则是探讨社会和政治问题，两者最后汇合成一部"宏伟的百科全书式的著作"。罗素当时仍然受黑格尔主义的影响，这样一项计划正好显示出后者的特色；但是这项计划在他的哲学观彻底改变之后还是保留下来，尽管形式上没有这样系统化，因为在罗素的许多著作中，他确实写了大量既研究理论也探讨实际问题的论述。

《德国的社会民主》问世一年之后，他的研究员资格论文《论几何学的基础》也成书出版。随后在1900年罗素又出版了《莱布尼茨哲学评述》。他写这本书纯属偶然，但对他来说仍很重要。一位平常讲授莱布尼茨的剑桥同事请罗素代替他授课一年；罗素从来没有机会仔细研读莱布尼茨，却高兴地答应了这一邀请。这本书就来自他的讲稿。尽管罗素并不赞同莱布尼茨哲学的要旨，不过其中有些方面在他的思想中还是有影响的。

在罗素讲授莱布尼茨的时候，他已经被摩尔说服，放弃了观念论。不久之后他对于数理哲学的兴趣由于1900年7月在巴黎举行的国际数学大会上见到意大利逻辑学家朱塞佩·皮亚诺而得到有力的推动。确切地说他所关心的是能否为数学提供逻辑基础，从而使之成为确实可靠的知识这一问题。皮亚诺在逻辑上取得了某些技术性的进展，让罗素从中看到去完成将数学还原为逻辑这项工作的途径。他贪婪地阅读皮亚诺的著作，然后对其中包含的方法开始改进、扩展并加以应用。在最初感受的兴奋当中，他不出几个月便写出了后来证明是他第一部重要论著即《数学的原理》[①]的全部初稿。他又用了一年的时间进行修正和改进，并于1903年出版该书。罗素在为1937年该书新版写

① 与前文《数学原理》并非同一本书。

的序言中说，他仍然确信书中基本论点即“数学与逻辑是一回事”的真实性。

罗素在1900年所感受到的那种理智上的极度欣喜没有再次出现。首先，他以后的岁月由于个人生活发生的变故而显得阴云密布。他发现自己已经失去对妻子的爱情，并且告诉了她。他后来写道：“在那些日子里，我相信（什么经验教我这样想很可能并不确定）关系亲密的人应该讲真话。”（《自传》，第151页）结果两人在后来仍然住在一处的九年里都感到极其痛苦。大约就在同时，罗素由于亲眼看到伊芙琳·怀特海（他以前的教师阿尔弗雷德·诺思·怀特海的妻子）患病的痛苦而引起了他情感生活中的一场革命。看到她在强烈痛苦中所忍受的孤独，他的世界观突然改变了。从那个时刻起，他才有了和平主义和对孩子的渴望，才萌发出很高的审美感受力，才深刻认识到我们每个人归根结底而且无可挽救地都是孤独的。他在《自传》中对这次经验做了生动的描述。

在本来也许可以给他安慰的数学工作中，也出现了类似的严重波折。这就是在罗素力图完成的计划的核心部分发现了矛盾，这一矛盾及其重要性将在以下第二章中适当的地方加以讲述。其后果是让罗素的工作停滞了两年多的时间，当时他凝视着白纸不知道怎样写下去。在此之前他正撰写《数学原理》（*Principia Mathematica*）一书，这原是想作为《数学的原理》（*The Principles of Mathematics*）的第二卷来写的。这个预想的第二卷后来包括了对于《数学的原理》中简略表述的思想做出技术性的运算，还对其中留下来的一些困难进行更加充分的处理；但是情况很快就变得明显：如果他想达到计划的目的（即“证明全部纯数学都来自纯逻辑的前提并且只使用可以用逻辑来定义的概念”），还需要做很多工作。于是罗素邀请怀特海与他合作，从那时起直到1910年他的大部分心力都集中到撰写这部纪念碑式的著作上。该书的哲学方面和技术性内容的实际运算都由罗素承担；怀特海则主要在符号记法上做出重要贡献并完成了大量的证明。

罗素讲述他每年用八个月来写《数学原理》，每天花费十到十二个小时去工作。当稿子最后送往剑桥大学出版社时，稿纸竟多到必须用一辆四轮马车来运送。这个出版社的理事们估计这部书要使他们蒙受600英镑的损失，并说他们只愿意承受这笔损失的一半。罗素和怀特海说服英国皇家学会通过投票捐助200英镑，但是剩下的数目则要他们自己掏腰包。结果他们多年为这一宏伟计划所做出的劳动却让他们每人各损失了50英镑。

但是真正的回报却是丰硕的。在这项努力的进程中，并且根据努力的成果，罗素发表了一些极其重要的哲学论文。他在35岁还非常年轻的时候便当选为皇家学会的会员。他在逻辑史和哲学史上的地位已经确立下来。罗素后来在许多活动领域之所以能取得成就，大部分是由于他已经赢得了《数学原理》所赋予他的奥林匹斯山神的崇高地位。

在专心致力于理智活动的这些年月里，罗素在其他方面也没有虚度光阴。他对政治的兴趣仍然强烈；他参加支持自由贸易的运动，在1907年举行的温布尔登补缺选举中他还以议会候选人的身份公开赞同妇女选举权运动。投票选举妇女是一项极受非议的主张，拥护者经常遭到辱骂甚至暴力。罗素如果不是由于自己的不可知论挡路，他最后也许已经进入议会；在1911年选举中他就要当选为贝德福德候选人的时候，地方竞选组织突然得知他不愿向选举人隐瞒自己的不可知论并且不肯去教堂。于是他们选择了另外的候选人。

但是一件使他非常惬意的事情发生了：三一学院聘他当讲师，为期五年；因此罗素过上了大学教师的生活，他把注意力转到写一本后来成了经典的小书上面。这便是《哲学问题》，直到今天仍然是讲这个题目的最好的简明导论之一。

罗素从事政治活动的一个意想不到的结果竟是一段风流韵事。1910年他住在离牛津不远的地方，曾帮助当地候选人菲利普·莫雷尔进行竞选的游说活动。他在童年时期就认识莫雷尔的妻子奥托琳夫人。第二年他们的重逢竟发展成相恋。罗素愿意娶她，这就意味着他与艾丽丝离婚和奥托琳与菲利普离婚。但是奥托琳不愿离开菲利普，所以这件事只能算是通奸，得到菲利普的同意而受到艾丽丝和她家人的强烈反对。罗素与艾丽丝分手之后有40年之久未曾再度会面，虽说他们在这期间即1920年代早期离了婚。

奥托琳对罗素很有帮助，这是无可争辩的。罗素写道："她在我的举止像一个大学教师或一个自命正经的人和在谈话中流露出独断傲慢时，便嘲笑我。她逐渐消除了我这种信念，即我心中充满了可怕的邪恶，只有靠坚强如钢的自我约束才得以压制下

图4　奥托琳·莫雷尔女士（1873—1938），奥古斯塔斯·约翰绘于1926年；帆布油画

去。她让我变得不再那么自私，不再那么自以为是。”（《自传》，第214页）她还让他在她自己身上以及美丽的周围环境中得到审美冲动的满足。这时罗素的年龄已将近40岁；这是一次姗姗来迟但是却深刻的觉醒。

1914年罗素访问了美国，主要是去哈佛大学讲学。他的讲演后来以《我们关于外部世界的知识》为书名出版。他在哈佛大学的学生当中有T.S.艾略特，后者曾为罗素写了一首题为《阿波里奈克斯先生》的诗。在诗中他成了一个神话般的人物，样子奇特甚至吓人，那颗挂着一圈海草的脑袋也许会突然滚到椅子下边，或者突然咧嘴笑着出现在屏风上方；艾略特说，这个人物笑得“就像一个不承担任何责任的胎儿”，然而他那“干燥而充满激情的谈话”却消磨掉了下午的时间，让艾略特想起半人半马怪物的蹄子敲打坚硬的地面的声音。这是一次给艾略特留下强烈印象的会见；至于其他在场的人他只记得他们吃过黄瓜三明治。

在访问芝加哥的时候，罗素爱上了接待他的主人的女儿（他在《自传》中未曾透露她的名字），她当时是布林·莫尔学院的学生。他们定下计划让她到英国与他会合，以便在他与艾丽丝离婚后便可以同他结婚。她果然来了；但是当时第一次世界大战已经打起来了，大战对罗素在情感上的震撼以及他对和平主义活动的热情投入消除了他对她抱有的感情。她此行的灾难由于她后来发疯而更加深重。罗素在其自传中以痛悔的心情讲述了这段令人悲痛的插曲。

罗素对于大战爆发的反应是复杂的。他已经超过当战斗人员的年纪，所以他从来不是一个因良知而拒服兵役的人。（他的一些持有此种立场的熟人，如李顿·斯特拉奇等都去了奥托琳在加辛顿的乡间花园，终日闲荡，以摆脱强迫的农业劳动。）同许多爱德华七世时代的知识分子一样，罗素对于德国和德国文化有一种喜爱。他德语讲得很流利，读德文书自然不在话下，还去过德国并写了一本讲德国政治的书。但是他也有强烈的爱国心，他曾写道：“热爱英国几乎是我拥有的最强烈的感情。”他也不是一个无条件的和平主义者，这一点可以从四分之一世纪以后他竭力支持

图5　T.S.艾略特（1888—1965），罗素在哈佛大学的学生，曾写过一首关于罗素的诗——《阿波里奈克斯先生》。诗中的罗素相当神秘，头上挂着海草，一半是人一半是马

反对纳粹主义的战争看出来。关键在于他认为1914年战事的爆发不是为了一种原则而且并不预示有任何好处，而是由于一些政客的愚蠢惹起来的，眼看一场葬送年轻人生命的大混战就要把文明吞噬掉。他在战争开始后不久寄给《民族》杂志的一封信中写道："所有这种疯狂，所有这种狂暴，所有这场葬送我们的文明和希望的熊熊大火，都是由一些官方人士造成的，他们生活奢侈，极

其愚蠢，全都缺少想象力和爱心，宁可选择战争也不愿他们当中有人忍受对其祖国的荣誉一丝一毫的蔑视。”

罗素在当时所表现的非比寻常的洞察力正如半个世纪之后在越南战争时所表现的一样。战壕里可怕的杀戮还未真正开始，而罗素却已看出其不可避免以及随之而来延续更久的后果。当时很少有人能预见到这一进程已经开始，即在20世纪剩下的大部分年代中世界大部分都被卷入了真正的或刚刚开始的战争之中，导致数以百万计的人死亡，大量资源用于发展军事工业技术，后者每一次新的进展都比前一次更加危险，破坏力更大。在1914年罗素当然不能预见到纳粹主义和大屠杀、原子武器和冷战、由国际军火贸易武装起来的国家主义，以及受富国与穷国之间令人不满的差距煽动起来的宗教激进主义，但是他却真实地感到战争的爆发意味着通向某种灾难的大门已经打开：接踵而至的便是一连几十年的灾难了。

同样使他感到恐怖的是在交战国家中民众对战争的普遍支持，所表现的那种“原始野蛮主义”以及“仇恨和嗜血本能”的发泄。正如他所指出的，这些正是文明自下而上所反对的事情。最糟的是他的大多数朋友和相识都有同样的思想感情。他不能袖手旁观；整个战争时期他一直在写文章，发表演讲，通过民主控制联合会和拒服兵役联谊会支持有组织的反战活动。在战争初期他为居住在英国的德国人做一些慈善工作，这些人由于与祖国隔绝而贫困不堪。这项工作的需要并没有持续很久，因为敌国公民不久便被拘留起来。

拒服兵役联谊会的领袖是一位名叫克利福德·艾伦的年轻人（即后来的赫特伍德的艾伦勋爵）。他由于拒不放弃反战活动而多次入狱。在对艾伦的一次审判中，罗素遇到了康斯坦丝·马勒森夫人，她是个女演员，艺名叫科利特·奥尼尔。她也从事和平主义工作，晚上在戏院度过时光，白天则在联谊会的办公室装信封。他们成了恋人，她的稳重镇静给战争时期进行艰苦斗争的罗素提供了一个庇护所。

罗素本人有好几次由于他的反战活动而遭到控制。1916年他因为写了一篇文章而被起诉，罚款100英镑。他拒绝付款，所以他的全部财物被扣押，但是他的朋友们出于好心将其买下归还给他，这就使他的姿态变得无效。随后他又被禁止进入英国任何军事禁区，特别是海岸部分（罗素以讽刺性幽默的口气猜想说，大概是为了防止他给敌方潜艇发信号吧）。1916年他打算去美国旅行，被拒绝签发护照。1918年被关进监狱六个月，原因是他写了一篇文章，说来欧洲的美国军队可能被用来制止罢工，这些军队在他们本国就是执行这种任务的。由于他的社会关系（他曾用带讽刺的口气说，当伯爵的兄弟还是有用的），他被关进第一监狱，这就意味着他住单人牢房而且可以看书；于是他读书写作，完成了一本书（《数理哲学引论》）并开始写第二本书（《心的分析》），还写出一些评论和文章。他在1918年9月获得释放，这时人们已经明显看到战争不会继续多久了。

罗素第一次被送上法庭还带了另外的处罚。三一学院所有年轻教师都已去前线打仗，留下一些岁数较大的人负责管理学院事务。他们对罗素的战时活动深怀敌意。当他们获知他的信念之后，便投票取消了他的讲师职位。数学家G.H.哈代曾为这样对待罗素而感到愤怒，后来还为此写了一篇文章。年轻的教师们在战争结束后回到了学院，他们投票恢复了罗素原来的职位。但这时罗素的兴趣已经把他引向了海外。

战争在罗素身上产生的许多变化之一便是他的写作范围的扩大。他在这几年中出了两本不属于哲学性质的书，即1916年出版的《社会改造原理》（该书的美国版书名是《人为什么打仗》）和1918年出版的《自由之路》。这些都预示他以后会写许多讨论社会、政治和道德问题的通俗著作。就在1916年他将《社会改造原理》作为一系列讲演发表的时候，他遇见了D.H.劳伦斯并开始了一种有意合作的关系，但是劳伦斯的态度很快变得敌对起来。起初，劳伦斯指责罗素的和平主义，说这只是掩饰他对人类的强烈憎恶的面具，这使罗素深感烦恼，因为他认为劳伦斯对人性有一种特殊的洞察力；但是劳伦斯那些越来越歇斯底里和带谩骂口气的书信让罗素看穿了劳伦斯政治上的原始法西斯主义和他对非理性主义的崇拜。他们之间的关系也就中断了。

如前面所述，1918年罗素在狱中着手撰写两本哲学书。然而他重返哲学的时间却更早一些，因为在1918年头几个月他就以"逻辑原子主义的哲学"为题目做了一系列讲演，很快便在一个名叫《一元论者》的杂志上连载发表。罗素为人一向极其宽宏大度，说他的思想来自路德维希·维特根斯坦，后者战前在剑桥有很短一段时间做过他的学生。实际上罗素讲演中的大部分思想显然都是在遇到维特根斯坦很久以前就有的；但是两人在战前曾经详细地讨论过这些思想，这一点可以从维特根斯坦在前线奥地利军队中服役时写成的《逻辑哲学论》中看出来。这时罗素接到在意大利战俘营中消磨时光的维特根斯坦寄来的一封信，谈到《逻辑哲学论》这部著作。维特根斯坦从意大利人那里获释之后，便设法出版此书，但未能成功；于是罗素伸出援助之手，同意写一篇引言说服一家出版商接受出版。尽管罗素还有好几次对维特根斯坦提供关键性帮助（特别是十年以后为他在三一学院安排研究工作），两人还是由于气质上和哲学上的深刻不同而分道扬镳。

罗素又一次陷入了热恋之中，这次是爱上了一位年轻的格顿学院的毕业生，名叫多拉·布莱克。1920年他们各自单独访问了苏联，回来时多拉对苏联表现出热情而罗素则充满敌意。他写了一本批判苏联的书，为此他还和多拉争吵过。但是这并没有妨碍他们在1921年一起去中国，罗素受到邀请到北京担任为期一年的访问教授。

同许多在中国待上一段时间的人一样，罗素也爱上了这个国家。同这许多人中的大多数一样，他也喜欢把中国人本身浪漫化。他称赞他们的幽默感、洞察力、对美好事物的欣赏以及对文化和学问非常文雅的喜爱。但是不知为何他看不到这个幅员辽阔的国家中大多数人当时过着多么艰苦的生活，也看不到古代传统多么严重地压垮和阻碍了中国。他在中国期间，许多人问他中国人应该怎样生活、应该怎样思考和中国怎样才能摆脱贫困和封

图6　多拉·布莱克（1894—1986），格顿学院的一名年轻毕业生，1916年与罗素相识。两人坠入爱河，不过多拉直到1921年9月才接受罗素的求婚。两人生有两个孩子，即约翰·罗素和凯瑟琳·罗素

建式的分崩离析，对此他并不愿让自己作为一个可以提出忠告的人。美国哲学家约翰·杜威同时也在中国访问，他对这类问题就毫不犹豫地发表自己的意见，结果他的名声在今天的中国仍然比罗素大得多。圣贤的传统在中国是很深厚的；因此罗素失去了一个在中国多做贡献的机会。他写了一本书，讲出他对中国及其未来的看法，但是该书后来才在遥远的英国出版，不能代替他的客人们希望听到的圣言。他反而给他们讲授了数理逻辑。

罗素在北京的逗留快要结束时，患了严重的支气管炎，几乎丧了命。由于某些日本新闻记者过于积极，竟然传出了他去世的

消息；所以罗素得以读到他自己的讣告，包括一行登在教会刊物上打趣的话，让他特别开心："可以谅解传教士们听到伯特兰·罗素先生的死讯，叹了口气，感到如释重负。"

艾丽丝终于同意离婚，所以罗素和多拉于1921年9月返回英国后便结了婚，此后不久他们的第一个儿子约翰·康拉德就降生了。两年以后又有了一个女儿凯特。罗素在1922年和1923年两次作为切尔西工党候选人竞选议会议员，但是没有成功。家庭的责任有压力；他需要去谋生计，所以放弃了从事议会政治的想法，专心致力于写作和讲演。最有收益的巡回讲演是在美国，在1920年代他去了四次。他出版的通俗著作有《相对论入门》、《原子入门》、《我的信仰》、《论教育》、《怀疑论集》、《婚姻与道德》和《幸福之路》。其中有些书经济收益丰厚，有些书则招来非议，原因是表达了对性道德的自由观点。同时他也没有忽视哲学；他那本在狱中开始写的《心的分析》于1921年问世；1925年他受邀在剑桥主持塔纳讲座，这些讲演以《物的分析》为书名于1927年出版。他还写了一本名叫《哲学大纲》的导论性质的教科书。

孩子们的到来满足了罗素一个长久的心愿。孩子们给了罗素一个"新的感情中心"，在1920年代剩下的岁月里这个中心吸引住了他作父亲的兴趣。他在康沃尔买了一所住宅，让全家去那里消夏；在约翰和凯特到了上学年龄时，他和多拉便决定创立自己的学校，让孩子们按照他们认为最好的方式受教育。他们租用了罗素兄长位于英国南部丘陵草原上的乡间住宅，开办了一所学校，收进二十个年龄大体相同的孩子。宅院很大，周围有两百英亩原始森林，长着繁茂高大的山毛榉和紫杉，有多种包括鹿在内的野生动物来回跑动。从住宅向外远眺，景色很美。

尽管有这种理想和田园诗般的风景，这一实验最后还是失败了。学校经费从来不能自给；罗素写通俗书和报章文字以及他多次往返于大西洋两岸去做巡回讲演（他不喜欢海上旅行）主要也是为了资助学校的经费。多拉也去美国做了一次巡回讲演，但是她主要负责管理学校。教师人员是一个困难问题；罗素和多拉从来没有见到一贯实行他们的原则的教师，这些原则包括有纪律的自由：尽管有相反的说法，罗素的学校并没有让孩子们任意胡闹而搞得乱糟糟。他后来写道："让孩子们不受管束就是建立恐怖统治，就是让弱者在强者面前怕得发抖，显得非常可怜。一所学校就像整个世界：只有靠管理才能防止残忍的暴力。"

另一个困难是学校吸引了很高比例的问题儿童，他们的父母原想把孩子送到别的地方，但是最后却不得不去试一下实验学校。罗素夫妇因为需要钱而接收了这些孩子，后来却发现他们给学校管理带来了很多困难。

可是最坏的情况还是给罗素的孩子们带来的影响。其他学生认为他们受到过分的优待，因为管理学校的是他们的父母；但是罗素和多拉为了做到公平，力图同对待别的孩子一样来对待他们，结果是约翰和凯特实际上得不到父母的照顾，因而受了罪。用罗素自己的话说，早期的家庭幸福"因此给毁掉了，取而代之的是尴尬和困扰"（《自传》，第390页）。

在第一次世界大战之后的岁月里，人们普遍希望以教育为手段来改造世界。举例来说，奥匈帝国的解体使奥地利受到致命的打击，许多青年知识分子投身教学，希望重新改造人类。其中就有卡尔·波普尔和路德维希·维特根斯坦。罗素也间接属于这个运动。但是，教学的实际情况和人的本性的难以管教不久便让他们感到希望落空，终于放弃。

1931年罗素的兄长弗朗克突然死去，由罗素继承伯爵爵位。随之他也继承了兄长的债务，还有义务付给兄长的三个前妻中第二位每年400英镑的抚养费。他对伯爵爵位抱有一点嘲笑的态度，但他并不反对通过各种方式使之派上用场，特别是用它可以理所当然地参加官方的论坛，在那里他发表反传统的独立见解本会产生极大的效果。然而他还是不常出席上议院的集会，保留着对英国阶级制度应有的一种蔑视。

大约就在这时，罗素的婚姻经受着来自办学的压力和夫妻双方都有的私通行为的严重考验。罗素并不反对多拉的私通行为，但是他不愿养育由此生下的孩子。多拉由于与一个美国情人相恋而怀了孕，生下的孩子最初登记为罗素的子女；后来，他在德布雷特氏贵族年鉴上看到孩子的名字列为罗素的后代，便起诉要求除名。由此看来，罗素还保留有一些看重家系的冲动。

离开学校并与多拉分手之后，加上从兄长那里继承下来的债务，罗素仍然必须靠他的一支笔谋生。他给美国赫斯特报刊撰写专栏文章，这项报酬丰厚的合作到1930年代初期便告结束，所以罗素不得不集中精力写书。1932年他发表了《科学观》，1934年又发表了他的最佳著作之一，一部题名为《自由与组织：1814—

1914》的政治史。1935年发表了《闲暇颂》，1936年又发表了《怎样获得和平？》。在《怎样获得和平？》中，他重申他有保留的和平主义并重提他赞成世界政府的主张。但是到这本书面世的时候，他已经感到有必要对和平主义做进一步的限制，特别是面对他所看到的（正如前两三年在德国发生的事件所表明的）纳粹主义这样一种“十足令人震惊”的威胁的时候。到第二次世界大战爆发时，他已经决定必须毫不含糊地抵抗希特勒。

1937年罗素发表了《安伯利文献》，这是长达三卷的关于他父母生平的记录。他觉得这部著作“让人感到平静”，因为他钦佩并且深深同意他父母的激进观点，还对他们那个（在罗素看来）更有希望、更为宽阔的世界感到留恋，他们就曾在那个世界里为实现自己的观点而奋斗过。罗素在写这本书和《自由与组织》时，得到一位年轻女子的帮助。此人名叫帕特里夏（一般称呼她“彼得”）·斯彭斯，从前曾在他的学校教过课。彼得先是他的情人，后来在1936年成了他的第三任妻子。1937年他们有了一个儿子，取名康拉德。他们搬到一所离牛津不远的住宅；罗素去牛津讲课并与一些年轻哲学家进行讨论，其中就有A.J.艾耶尔。1938年他出版了《权力：一种新的社会分析》；他在牛津授课的讲稿成了他的下一部哲学著作，即1940年出版的《对意义和真理的探究》（最初定的书名是“语言与事实”）。

1938年罗素同彼得和康拉德去美国，应聘担任芝加哥大学访问教授。他虽然同那里的优秀学生和同事们（其中有鲁道夫·卡尔纳普）进行过令人兴奋的谈话，但他却与哲学系系主任合不来。

他不喜欢芝加哥，说那是“一个天气很坏、令人讨厌的城市”。到了这年年底，罗素一家去了加利福尼亚，那里的气候总的说来要舒适宜人得多。罗素在加州大学洛杉矶分校授课。1939年夏天约翰和凯特也来加州度假，战争的爆发使他们无法返回英国，罗素就将他们安置在加州大学。

尽管这里有很好的阳光，他在加州大学还是不如在芝加哥大学愉快，因为教师和学生才智平庸，大学校长更让罗素感到特别讨厌。一年以后，他接受了去纽约市立学院担任教授的聘请。但就在他就职之前，人们以反宗教和不道德为理由掀起了一场针对罗素的恶意诽谤。发起人是一位主教派的主教，受到天主教徒的热烈支持，并且由于该学院的一个未来女生的母亲提出诉讼而引起大家的注意。这个名叫凯夫人的母亲说罗素在该学院的出现对她女儿的操行会造成危险。罗素不能向法庭申诉，因为诉讼是控告纽约市政府的，罗素本人并不是诉讼的一方。凯夫人的律师说罗素的著作宣扬“淫荡、纵欲、好色、贪欲、色情狂、激发情欲、不虔诚、偏见、说谎和不道德”。这种指责的理由之一是罗素在一本书中讲幼小的孩子不应为手淫受到惩罚。那位爱尔兰天主教法官比凯夫人的律师辱骂得更厉害。自然是凯夫人打赢了官司。

这场诉讼不仅煽动起整个纽约市和纽约州，而且促使全国都反对罗素。他被迫失去了在纽约的工作，起初也不能在别的地方找到教学职位，没有报刊请他写专栏文章。在战时状态下他不可能从英国得到财源。这样一来他就成了一个漂泊海外、失去生计的人，还有一家人要他养活。

罗素首先由于1940年哈佛大学慷慨邀请他去讲学，随后又得到费城百万富翁巴恩斯博士的聘请而得以摆脱困境。巴恩斯博士是一位热情的艺术收藏家，建立了一个主要从事艺术史研究的基金会。他与罗素签订了一项为期五年的给基金会讲课的合同。罗素在一间挂满法国裸体画的屋子里讲课；这使他觉得很有趣，尽管与学院派哲学有些不协调。巴恩斯性格有些古怪，传闻常和工作人员吵架；罗素的工作期限还不到一半，他就突然发出解雇通知，理由是他认为罗素讲课准备得不好。后来这些讲稿以《西方哲学史》这一书名出版，从广为流传和金钱收入来看，这是罗素最成功的一部著作。罗素为对方毁约而提出控告，把讲稿交给法官审阅，官司打赢了。必须承认这部名著有些部分写得相当肤浅，让人与那位费城百万富翁产生同感。但在其他方面这部书却写得极其引人入胜，是纵论西方思想的一个宏伟概观，而富有启发性地将西方思想纳入历史背景之中也是其一大特色。罗素写这部书感到很愉快，这种乐趣也在行文上表现出来。他后来讲到该书时所说的话同样表明他知道其中的缺点。

罗素与巴恩斯关系破裂之后，《哲学史》的写作继续在布林·莫尔学院的图书馆中进行。将罗素请到该校是由于保罗·魏斯教授的善意帮助，当时他正等待英国驻华盛顿使馆批准他返回英国。三一学院已经给了罗素一个研究员的职位，加上《哲学史》颇为丰厚的预支稿酬，这就让罗素解脱了困难。在罗素冒着大西洋上德国潜艇攻击的危险乘船回国之前，他曾在普林斯顿做了短暂逗留，同爱因斯坦、库尔特·哥德尔和沃尔夫冈·泡利进行过一些讨论。

以后几年他在剑桥大学授课，1945年出版《哲学史》，1948年出版《人类的知识：其范围与限度》。这是罗素最后一部哲学巨著，由于未受到哲学界的重视而使他感到失望。他认为一个原因是维特根斯坦的思想在当时及其后一段时期相当流行。1949年是他称为登上“荣誉顶峰”的一年：他在剑桥大学的研究员职位改为无须授课的终身研究员；当选为英国社会科学院荣誉研究员；英国广播公司邀请他做第一次雷斯系列讲演；国王乔治六世授予他功绩勋章；下一年他又被授予诺贝尔文学奖，消息传来时正值他又一次访美途中。

罗素对被授予功绩勋章还是很高兴的，他去白金汉宫接受了勋章。国王乔治对于要温和有礼地给一个曾判过刑的反传统的通奸者授勋这件事感到有些为难。此外这个人（用他自己的话说）“长相很奇特”，所以他说：“你以前的某些行为，如果推而广之，是不恰当的。”罗素一下子涌到嘴边却又没说出来的回答是：“正像你的兄长”，指的是退位的爱德华八世；他换了个回答：“一个人的行为应该怎样全看他的职业而定。比如说邮差应该敲打街上每个有来信的家门，但是如果另外有人敲打所有的家门，他就会被人当作公害。”于是国王匆忙改变了话题（《自传》，第516—517页）。

罗素新获得的荣誉地位，特别是他长期反对苏联的立场，使他在寒气逼人的冷战中成了对英国政府有用的人。他以这种资格去德国和瑞典做讲演。在后一场合遇上水上飞机在特隆海姆港坠毁，迫使他游过冰冷的海水才脱险。而在前一场合则使他暂时当上英国武装部队的一员，这让他很开心。

罗素在1950年代去了很多地方（去过澳大利亚、印度，重访美国，还去了欧洲大陆和斯堪的纳维亚），一路上发表演讲并受到名人身份的招待。在跟彼得·斯彭斯分手三年以后，他同伊迪丝·芬奇这个长期的美国朋友结婚，到巴黎去度蜜月；即使在观赏这个城市风光的短途浏览中（两人都未曾以观光者的眼光来浏览过巴黎，因为他们都在这里居住过），人们还是认出了罗素，许多人都拥到他周围。

罗素的旅行与讲演总是会收集成书的。他主持的雷斯系列讲演后来以《权威与个人》为书名出版。1954年他发表了《从伦理与政治看人类社会》，其中收进他接受诺贝尔奖时的演讲。由于他获得的诺贝尔奖是文学奖（授奖词提到《婚姻与道德》），这就激发了他写小说的兴趣。1912年他写过一部小说，但并未打算发表；现在他写了《郊区的恶魔》和《名人的噩梦》这两部短篇小说集——说得更确切些是寓言故事，都有哲学或论战的含意。1956年他发表了《记忆中的肖像》，这是一组描述他所认识的名人的特写；1959年又发表了一部思想自传即《我的哲学发展》，总结他自童年起经历过的思想进展。

但是，任何人如果认为罗素已经进入官方权力体制之内并且愿意退下来去过备受尊敬的、清静的晚年生活，都是错误的；因为罗素看出世界正被一种令人恐怖而且迅速增长的危险所困扰，所以感到迫切需要抵御这种危险。这就是大规模杀伤性武器的扩散。从1950年代中期到他1970年2月去世，他一直以年轻人的热情参加反对核武器和战争的运动，甚至还受到又一次入狱的判决，鉴于他年事已高（当时他已90多岁），减刑为在监狱医院监禁一年。在生命的最后几年，他又遭到人们的厌恶和敌视，特别是因为他对美国在越南的行动做出了似乎过分激烈、判断有欠审慎，甚至有些歇斯底里的抨击。后来人们才知道他对美国战争罪行的控告都是根据大体正确的资料。罗素在做出这些努力的过程中，担任过核裁军运动的首任主席，出版了两本书（《常识与核战争》和《人类有前途吗？》），推动召开了帕格沃什会议，后来为了反对越南战争还同让–保罗·萨特一起组成国际战争罪犯法庭。

罗素最后十五年中的政治斗争将在下面第四章中详加讨论。在罗素生命结束之前，尽管年老体衰而且患病（但他直到最后都保持着活力而且思维敏捷，活到98岁高龄），他似乎随着时间又活得年轻起来；他的祖母给世界送来的是个老成持重的维多利亚时代的人，而他却变成了一个永远年轻的游侠骑士：诚实、不屈不挠、具有令人生畏的智力和伟大的写作才能。他利用自己的天赋（其中主要是他那锐利无比的推理能力和机智）同凶暴的人进行斗争。

那些受到公众注意的人在时间的远景中不是被放大便是被缩小了，大多数人缩小成山脚小丘（也就是成了脚注），而少数人则上升到巍峨的喜马拉雅山之巅。罗素便是一个高高站立在顶峰上的人。

第二章

逻辑与哲学

引　言

照罗素自己的说法，他研究哲学的主要动机就是要找出确实可靠的知识，这一与笛卡尔相同的雄心壮志来自他早年两次思想上的危机：他失去了宗教信仰，而且对于必须以未证明的公理作为几何学的基础感到失望。他最早真正有独创性的哲学努力就是要证明数学是建立在逻辑的基础之上。这一努力如果成功本会给数学知识提供确实性的基础。这个计划失败了，然而由此却产生了许多重要的哲学进展。随后罗素转到一般哲学问题上来，在这里就更难找到确实性。尽管确实性难以捕捉，他还是努力构建一些理论，希望它们会提供满意的解决。他一再重新研究这些问题，发展并且改变自己的观点，但对于使用来自他的逻辑工作的分析技术却一直抱有信心。他觉得最终能够取得某种程度的成功，尽管他知道在哲学同行中很少有人会同意他的看法。

当人们考察罗素的哲学工作时，如果暂不去看这是很长时间内演变的结果，经常并且长期由于其他活动而中断这一事实的话，人们就会惊讶地发现其演变的连续性和逻辑性有多强。用罗素本人对自己哲学发展所说的话来讲，他的哲学生涯分为两个部分：第一部分是他早期与观念论的短暂调情，第二部分则是受到他所发现的新的逻辑技术的启发，从此一直支配着他的哲学观：

> 我的哲学工作有一个重大分界；在1899年到1900年我采用了逻辑原子主义的哲学和皮亚诺的数理逻辑的技术。这是一次很大的革命，使得我以前的工作，除了纯数学方面之外，同我以后做的每一件事完全无关。这些年发生的变化是一次革命；以后的变化就是演变性质的了。
>
> （《我的哲学发展》，第11页）

革命以后的演变是重大的，但是每走一步都受到必须解决前面阶段留下的问题的推动，或者如果问题太大，就另外寻找前进的途径。查尔斯·布劳德说“伯特兰·罗素先生每过一年左右便会搞出一套新的哲学体系，而G.E.摩尔则一个也搞不出来”。在罗素所关注的问题上所显示的辩证连续性表明这句俏皮话对于摩尔来讲也许是对的，但却不能用在罗素身上，特别是它暗示罗素在其哲学历程中所走的步伐有着某种反复无常的东西。

在取得学位与发现皮亚诺之间的年月——大体说是1890年代——罗素接受了他在剑桥大学的老师所喜欢的德国观念论。他的研究员论文的出版文本是从康德观点做出的关于几何学的阐述，但是他主要还是皈依黑格尔。他写过一篇黑格尔观点的数论，还计划写出一套完整的关于各门科学的观念论辩证法，目的是以黑格尔的方式证明一切实在都是精神性质的。

罗素后来抛弃了这项工作，并以他特有的直率贬之为“地地道道的废话”（《我的哲学发展》，第32页）。正如我们已经看到的，他的哲学方法的革命产生于他同摩尔一起对观念论的反叛和他发现了皮亚诺的逻辑著作。最后一点特别重要，因为这唤起了罗素要从逻辑导出数学的雄心壮志并为此提供了手段。1900到1910年之间的岁月主要就用在这项工作上，大量有价值的哲学成果都产生在这个过程之中。这一计划是在《数学的原理》（1903）中提出的，而完成细节的努力就促成了《数学原理》（1910—1913）的问世。在罗素同时写出的经典性哲学论文当中就有《论指示》（1905），其中有些思想在以后的哲学史上产生了极其重要的影响。

《数学原理》的出版结束了有关的逻辑工作，而这些年的哲学工作却在此后继续进行。罗素着手把这部著作中发展起来的分析技术应用到形而上学（探讨实在的本性）和认识论（探讨我们怎样得到知识和验证知识）的问题上来。他那本经得起时间考验的经典小书《哲学问题》（1912）概述了他当时所抱的形而上学和认识论的观点。他打算在以后的著作里对这些观点做更详细的阐述，并于1913年开始写一部大书的初稿，即在他去世后才出版的《认识论》（1984），但是他对其中某些方面感到不满意，所以并未成书出版，而是通过一系列论文形式发表了其中的一部分。与此同时，怀特海建议他使用逻辑技术去分析知觉，这一启发的成果是他在哈佛大学所做的一系列讲演，后来汇集成《我们关于外部世界的知识》(1914)一书出版。这本书以及同一年发表的一篇名为《感觉材料与物理学的关系》的论文表明,罗素有一段时期暂时转而采纳了某种类似现象论的立场。“现象论”的观点认为,知觉的知识是可以通过我们对感觉经验的基本材料的亲知来分析的。(我说“某种类似现象论”的立场,因为尽管罗素在半个世纪以后将这些观点称为现象论的观点,在原来的著作中却并非如此明确;这一点将在以下适当的地方加以讨论。)四年以后,罗素在另外一系列讲演中把他的分析方法应用到物体和关于物体的讨论上去。他给这些讲演取名为《逻辑原子主义的哲学》。与此同时,他发表了一本实际上是《数学原理》的通俗版本的书,说明数理哲学的基本思想。这本书就是《数理哲学引论》(1918)。

在1920年代,罗素试图扩大并改进他的分析技术,把它们应用到心理学和物理学的哲学上来。这种努力的第一个成果是《心的分析》(1921),在书中他的准现象论被用来分析心理的实体。第二个成果是《物的分析》(1927),罗素在书中试图通过事件来分析物理学的主要概念,例如力和物质。这本书的论点带有强烈的实在论倾向;罗素认为,分析物理学的基本概念却不承认某些不靠对它们的知觉而独立存在的实体是行不通的,这也标志着他与现象论的暂时结合已告结束。这也许可以叫作对实在论的“回归”,因为罗素在写《我们关于外部世界的知识》之前曾经信奉过一种比较极端的实在论。

罗素重返某种形式的现象论或接近现象论的立场之后,又重新考察一些他现在觉得在现象论的假定下未曾得到适当处理的

THE PRINCIPLES
OF
MATHEMATICS

BY

BERTRAND RUSSELL M.A.,
LATE FELLOW OF TRINITY COLLEGE, CAMBRIDGE

VOL I.

CAMBRIDGE:
at the University Press
1903

图7　1903年出版的《数学的原理》扉页，该书的前提是，数学与逻辑是一回事

问题。结果他就写成了《对意义和真理的探究》（1940），在这里他又一次讨论了经验与偶然性知识的关系；他在《人类的知识》（1948）一书中则特别重新考察了一个在先前著作中没有充分讨论的问题，即一般认为在科学中使用的非证明性（非演绎性）推理这个重要问题。

对罗素思想发展的每一阶段都值得做详细的讨论，这可以在后面延伸阅读书目所列著作中找到。在以下几节中我将概括地讲述这些阶段。

对观念论的否定

观念论有许多不同的形式，但其基本主张却都认为实在从根本上讲是精神性质的。“观念–论”（Idea-ism）也许是个更容易让人明白的名称。这是哲学上的一个专门名词，同英语中“理想”（ideal）一词的通常意思毫无关系。照贝克莱主教所主张的那种观念论来讲，观念论的论点是：实在归根结底是由精神群体及其观念所构成。其中一个精神无限广大，产生大多数观念；贝克莱认为这就是上帝。照后来T.H.格林和F.H.布拉德雷（他们都深受德国观念论的影响）所主张的观点讲，观念论的论点是：宇宙归根结底是由一个单一的精神所构成，这个精神可以说是经验其自身的。他们论证说，我们有限的、部分的和个人的经验是相互矛盾的，或者说至少起着误导的作用。这些经验告诉我们，世界是由众多的各自独立的存在实体所构成，这些实体当中有许多（如果不是大多数的话）是物质的而不是精神的。这些众多的事物只是“现象”，“现象”蒙蔽而不是代表实在的本性。这就蕴涵着一个与观念论观点相伴随的重要论点（这是罗素已经认识到要接受的论点），即因为事物的众多性是一种令人产生误解的现象，所以真理就是：宇宙中每件事物都与每件另外的事物相关，所以宇宙归根结底是一个单一的事物——每件事物都是“一”。这种观点叫作“一元论”。

当摩尔与罗素在1898年反驳观念论（摩尔的《判断的性质》一文的发表是这一事件的标志）的时候，他们攻击了观念论的两个主要论点，即经验与经验对象是不可分开的相互依赖关系，以及每件事物都是一。因此他们两人采取了“实在论”论点，即认为经验对象并不依靠关于对象的经验，也接受了“多元论”的论点，即认为世界上存在许多各自独立的事物。

罗素看到观念论和伴随它的一元论来自一种涉及**关系**的观点，而一旦否定了这一观点，便会走向多元的实在论。表示关系的句子有“A在B的左边”“A比B早”“A热爱B”等。罗素认为，按照观念论的看法，一切关系都是“内在的”，也就是说关系是其所联系的各个项的属性，而详尽讲来关系就显示为在充分描述下由关系项所形成的整体的属性。有时这似乎是言之成理的；如在“A热爱B”中A对B的热爱是A的一个属性（也就是说，是一件关于A的本性的事实），而“A热爱B”所指示的复合事实则具有**B被A热爱**的属性。但是如果一切关系都是内在的关系，那么立刻就会得出这一结论，即宇宙构成了观念论哲学家哈罗德·乔基姆所说的一个“有意义的整体”，因为这意味着任何一件事物都与每件另外的事物有关乃是该事物的部分本性，并且因此充分描述任何一件事物就会讲出关于整个宇宙的一切知识，反过来说也对。布拉德雷是这样阐述他的论点的："实在是一。实在必须是单一的，因为认为众多性是真实的乃是自相矛盾。众多性蕴涵着关系，而通过关系它却不自愿地一直在表明有一种高级的统一。"（《现象与实在》，第519页）

与这种观点相反，罗素争论说观念论者犯了一个根本性错误。这就是他们把一切命题都看成属于主谓语形式。看一下这个句子："这个球是圆的。"这个句子可以用来表达一个命题，一个已知的球被表述为具有圆的属性（"被表述"的意思是：关于，说到）。按照罗素的看法，观念论者误认为一切命题，甚至包括关系命题，最终都属于主谓语形式；这就意味着每个命题归根结底都必定构成对于整个实在的一个表述，而关系本身则是不真实的。举例说：按照观念论者的看法，"A在B的左边"这个命题应该正确理解为："实在具有A显现在B的左边这种属性"（或某种类似的说法）。

但是如果人们看到许多命题属于不可化约的关系形式，那么就会看出一元论是荒谬的。说许多命题是不可化约的关系命题也就是说关系是真实的或"外在的"——关系并非植根于它们所联系的关系项上；"在左边"的关系并非本来就属于任何一个空间客体，这就是说没有任何空间客体必然在其他事物的左边。罗素争论说，为了证明"A在B的左边"是对的，就必须有一个A和**与之分离的**B，这样才能使前者与后者处于"在左边"的关系。当然，说有多于一个的事物也就是驳斥了一元论。

就罗素来说，驳斥一元论就是驳斥观念论，因为观念论的要害就在于它认为经验与其对象之间的关系应当是内在的；这实际上是说没有这种关系；这实际上又等于说关系是不真实的。但是照罗素的相反观点看，关系是真实的，经验不能与经验对象混同；也就是说这些对象在经验之外独立存在。而这就是罗素和摩尔所指的实在论的要旨。

罗素认为，所有观念论者（包括莱布尼茨在内）以及以前的经院哲学家所主张的实体与属性的形而上学都持有一切命题都属于主谓语形式的看法，这一点是否正确是可以争论的。但是他确实认为自己发现了以前哲学中一个非常重大的缺点。在驳斥了观念论之后，罗素有一段时间走到了另一个极端，即对一切事物都持有实在论的立场。照他自己的说法，他是一个“朴素的实在论者”，意思是说他相信物体的一切被知觉到的属性都是物体的真正属性；是一个“物理实在论者”，即相信物理学中一切理论性实体都是“真正存在的实体”（《我的哲学发展》，第48—49页）；是一个柏拉图式的实在论者，即也相信“数、荷马诸神、关系、神话怪物和四维空间”的存在或者至少相信其“实有”（一种受限制的或较低程度的存在）（《数学的原理》，第449页）。罗素后来对这一繁茂的宇宙用“奥卡姆剃刀”进行了修剪，后者也就是不让实体不必要地增长的原则。举例说，如果物理客体可以完全用原子内的实体加以说明，那么宇宙的一个基本事物清单就不应该包括树木**以及**构成树木的夸克、轻子和计量粒子。罗素后来就是这样使用分析技术的。但是他仍然相信《数学的原理》中无所不包的实在论，这是他1900年接触到皮亚诺的著作之后又回到的立场。

数学的基础

莱布尼茨曾经梦想创立一种普遍的符号语言（characteristica universalis），即一种普遍的和完全精确的语言，使用它将会解决一切哲学问题。罗素在其论述莱布尼茨的书中看出这是一种想建立符号逻辑的愿望。当时罗素心目中的符号逻辑是指乔治·布尔在19世纪中叶发展起来的“布尔代数”。但是当时他并不认为，莱布尼茨关于哲学问题能够靠使用一种演绎逻辑系统的技术而得到解决的看法是对的，理由是任何真正重要的哲学问题都是关于“演绎之前”的问题，即一些在作为推理起点的前提中所涉及的概念或事实。罗素争论说，不管这些概念或事实是什么，它们不能由逻辑来提供；逻辑只能帮助我们就它们进行推理。

但是罗素在接触到皮亚诺的著作之后改变了自己的想法。皮亚诺在逻辑技术上取得的进展（弗雷格已经先走了这一步，但当时皮亚诺和罗素都不知道此事）立即让罗素想到怎样表述逻辑的基本原理，以及怎样表明两个至关重要的道理：首先是数学概念怎样能够靠这些原理加以界定，其次是一切数学真理怎样根据它们得到证明。简单说，这启发了罗素去表明数学与逻辑是一回事。这就是《数学的原理》及其更为详尽完备的版本《数学原理》两部著作的目的。

从逻辑导出数学的方案被称为“逻辑主义”。在《数学的原理》一书中，罗素并未对计划的这一部分做出严格的证明，他只提出了非正式的概述。他把严格的证明留给了《数学原理》。推迟到《数学原理》才完成这项工作的主要理由是，他发现了一个威胁到整个计划的悖论。

罗素的首要工作是用无可再少的纯逻辑概念来界定数学的概念。（这里将出现三段非正式的讲技术的文字，读者不必望而生畏。）设“p”与“q”代表命题，这些逻辑概念是：否定（非p），析取（p或q），合取（p并且q），蕴涵（如果p，那么q）。除了这些运算之外，还有表示内部结构的符号：“Fx”是一个其中有代表任何个体的变量“x”的函项，而“F”则是代表任何属性的谓词字母。这样“Fx”就表示x是F（它所表示一个例子是：“这棵树高”）。罗素能够使用的重要技术进展之一是一种**量化**这类函项的方法。使用目前逻辑上通用的符号，表示量化的方式如下：（x）表示“所有的x”，所以（x）Fx表示**所有**的x都是F，（∃x）表示“至少有一个x”，所以（∃x）Fx表示**至少有一个**x是F。最后则是等同的概念：“a=b”表示a和b不是两件东西而是同一件东西。使用这种简单的语言就可能界定数学的概念。

较早的数学家已经探讨过数学概念之间的关系，看出这些概念全都可以化约为自然数（1、2、3等用来计算的数字），尽管还没有一个人精确证明这一点。所以计划的第一步就是用逻辑概念来界定自然数。这是弗雷格早已做的工作，尽管罗素在当时并不知道这件事。

这种界定使用了类的概念：2是由所有成双的事物组成的类，3是由所有三件事物组成的类，以此类推。而反过来“双”则被界定为具有分子x和y的类，这里x和y互不等同，而且如果这个类中有另外的分子z，那么z等同于x或y。数的一般定义是通过相似的类所构成的集合来表述的，在这里“相似性”是一个表示一一对应的关系的精确概念：如果在两个类的分子之间可以确定具有一一对应的关系，这两个类便是相似的。

分清这些概念之后，许多问题便得以解决，其中有：怎样界定0和1（罗素指出，这些是最困难的数学问题当中的两个），怎样克服“一与多”的难题（一把椅子包含多少事物：它是一还是多——如果你算一下其各部分和成分的话？）以及怎样理解无穷大？一旦界定了全部数字，那么其他种类的数（正数和负数、分数、实数、复数）便不会有多大困难。

所以计划的第一部分——用逻辑概念界定数学概念——看起来大部分是不成问题的，只要用上正确的技术。第二部分——完全属于逻辑主义的部分，它表明数学真理可以从逻辑的基本原理得到证明——却遇到了极大的困难。

照罗素当时的观点看，造成这种困难的主要原因是他发现了悖论。这个悖论涉及上面概述的一个对该计划至关重要的概念，即类的概念。在罗素的研究过程中，他被引向考虑这一事实，即有些类是其自身的一个分子，而有些类则不是。举例说，茶匙组成的类不是一个茶匙，所以不是其自身的一个分子；但是不是茶匙的事物组成的类却是其自身的一个分子，因为它不是一个茶匙。那么由所有这些不是其自身的类所组成的类又是什么情况？如果这个类不是其自身的一个分子，那么根据定义它便是其自身的一个分子；而如果这个类是其自身的一个分子，那么根据定义它便不是其自身的一个分子。因此它既是其自身的一个分子又不是其自身的一个分子。这就出现了悖论。

最初罗素认为毛病出在某个微不足道的错误上，但是在他为了解决问题付出很大努力并且在征求过弗雷格和怀特海的意见之后，他才明白这里的问题是个灾难。罗素在发表《数学的原理》时并没有找到补救的办法。但是到他与怀特海合写《数学原理》时，他认为已经找到了一条出路，然而他的策略却招来很多争议。情况可以讲述如下。

罗素发现，要从纯逻辑的公理演绎出数学的定理不能不依靠辅助性公理来进行，这些辅助性公理使得证明算术和集合论中的某些定理成为可能。两个辅助性公理（其细节并不重要；我提到它们是为了完整性）是“无穷公理”（意思是说世界上有无穷多的集合）和“选择公理”（有时也叫“乘法公理”，意思是说对于每一个由没有相同分子的非空集合组成的集合来说，都存在着一个与每个子集恰好有一个相同分子的集合）。人们需要这些公理，以便让数用类来界定，正如上面所说的那样。但是这两个公理看来都包含一种困难，这就是它们的性质都是关于存在的，即它们表示“**有**如此这般的东西”。就第一个公理说是数，就第二个公理说是集合，而这就成了一个问题，因为逻辑并不应该涉及什么事物存在或不存在，而只是关心纯形式问题。但是罗素却发现了一个解决方法，即把数学句子看作条件句，也就是具有“如果——那么——”形式的句子，用这些公理填满“如果”的空白：这样它们就表示“如果你以这个公理为前提，那么——”。由于这些条件句本身可以从逻辑公理中推导出来，表面上引进的关于存在性质的考虑就没有什么重要性了。

但是第三个辅助性公理即“可还原性”公理产生的困难却大得多。这是罗素用来克服悖论问题的公理，然而其他逻辑学家却认为难以接受。

可还原性公理与罗素的“类型论”是联系在一起的。要理解这个理论，通俗一点讲就是要看到出现罗素所发现的悖论乃是因为，把不是其自身的一个分子这种属性应用到由所有具有该属性的类所组成的类上。如果引进一种限制，使这种属性只应用于子类，而不应用于由这些类组成的类，那么悖论就不会出现。这使人想到在属性之间应该有某种类似层次区别的东西，例如那些归属于某一层次的属性不能归属于高一级的层次。

有一种类型论的说法，它比罗素的类型论要简单；这种类型论抓住了这一直观认识并被某些逻辑学家认为言之成理。这是数理哲学家弗朗克·拉姆齐所提出的，叫作“简单的类型论”。其要点是：应用于某一话域的语言具有一级层次的表达式（即名称），它们指称该领域内的事物；它具有二级层次的表达式（即谓词），它们只指称这些事物的属性；它还具有三级层次的表达式（即关于谓词的谓词），它们只指称那些属性的属性——以此类推。规则是每一个表达式都属于一个特殊类型并且只能应用于整个等级中下一个类型的表达式上。依照这种非正式的概述，人们会看出这种策略怎样让人想到一个解决悖论问题的方法。

罗素的较复杂的类型论叫作“类型支论”。（如何正确理解这个理论是个有争议的问题，可参阅海尔顿著《罗素：观念论与分析哲学的兴起》的第七章，但是可以把下面的概述当作一个初步的简要说明。）罗素引进类型支论（即在类型之内再分为“阶”）的理由在于他认为在解决悖论问题上特别需要它。他认为悖论问题产生于试图用包含涉及“一切属性”的表达式来界定属性，所以关于“一切属性”的说法必须严格加以限制。比如说，类型1的属性因此就要再分为不同的阶：“一切属性”这个表达式不出现在第一阶属性的定义中；“第一阶的一切属性”这个表达式出现在第二阶属性的定义中；“第二阶的所有属性”这个表达式出现在第三阶属性的定义中；以此类推。因为从不涉及不从属于一个特定阶的“一切属性”，所以没有任何属性是通过涉及它所从属的整体来界定的。这就避免了悖论。

但是这样做却付出了很大代价。它给实数理论引进一些困难，因为把其中最重要的定义和定理都给阻挡在外了。为了克服这个问题，罗素又引进了可还原性公理，这个公理试图找到一种方法，将一个类型中的阶还原为最低的阶。这一策略曾被一位评论家说成是使用“暴力”来拯救实数理论，罗素在《数学原理》的第二版（1927）中也放弃了它。但是因为他不能承认类型支论之外还有另外的解决办法，所以就陷入了困境。为了应付这种局面，拉姆齐才提出了上面简述过的“简单”类型论。（也应该看到拉姆塞的理论也有其自身招来的争论。这个理论提出了一个有争议的主张，即认为那些将属性归属自身的定义所带有的循环性是无害的；它还要求对未下定义前的整体的存在抱着同样有争议的实在论观点。）

罗素雄心勃勃的逻辑主义构想陷入了困难境地，部分由于这些构想自身的原因，部分则由于逻辑主义本身就行不通，正如以后的数学发展（特别是库尔特·哥德尔的工作）所表明的那样。哥德尔表明在任何适合数论的形式系统中都有一个不可判定的式子，即这个式子或其否定均不能得到证明。由此得出的一个推论是，这样一个系统的一致性不能在该系统之内得到确认。所以人们不能认为数学（至少是其中大部分）可以有一组足以产生所有数学真理的公理。罗素的工作表明公理的方法有其深刻的固有的局限性，也表明要证明许多种类的演绎系统的一致性，唯一的办法就是使用一种很复杂的系统，以致其自身的一致性也同样让人置疑。

罗素要求他的逻辑主义方案完成一种排除可能有矛盾存在的形式系统化工作。哥德尔的工作说这是不可能的。由此得出的结论必然是：《数学的原理》以及特别是《数学原理》的成就不在于它们实现其既定目标的程度，而在于它们对逻辑和哲学所产生的也许可以称为“副产品”的许多重要影响。

摹状语理论

最有影响力的“副产品”之一就是罗素的“摹状语理论”。

罗素在创建这个理论上达到了几个不同的目标。他从反对观念论的争论中得到的一个教训是：语言的表层语法可能对我们所说的话的意义产生误导作用。正如上面所指出的，导致哲学家采用实体与属性的形而上学（正如哲学史上的争论所表明的，这是一种陷入深刻困境的观点）的理由是，他们将一切命题都看作基本上属于主谓语形式。“桌子是木料制作的”和“桌子在门的左边”都被认为以“桌子”这个表达式为主语，并以两句中在联系词“是”后面的表达式为谓语。但是尽管第一个句子也许可能表达一个具有该种形式的命题，第二个句子却是某种十分不同的命题，即一个关系命题：实际上它有两个主语（“桌子”和“门”），它断言两者处在一种特殊的相互关系之中。所以第二个句子的逻辑形式十分不同于第一个句子的逻辑形式，因此按照罗素的观点，需要有一种方法显示我们所说的话的深层形式，以便帮助我们避免哲学上的错误。

罗素采取的下一个重要步骤便是将新逻辑应用于这项工作上。正如用它来界定数学的概念和运算一样，我们也能用它来分析我们关于世界所说的话，从而得出实在的正确图像。

显示摹状语理论怎样完成这项工作的一个方法就是讲述它怎样解决一个关于意义与所指的重要问题。罗素处理这个问题的背景可以在奥地利哲学家亚历克修斯·迈农的著作中找到。罗素认真研读过他的著作，所以曾在早期受到他的影响。迈农认为指示表达式（类似“罗素”的名字和类似“《数学的原理》的作者”的摹状语）只有在它们所指示的事物存在时才能有意义地出现在命题（严格说是表达命题的句子）之中。迈农争辩说，假定你说“金山不存在”，显然当你断言金山不存在时，你是在谈论某件事物即金山；而由于你所说的话有意义，所以在某种意义上必然**有**一座金山。他的理论是：凡是人们可以谈论（命名、指称）的事物都必然因之而不是存在就是有着某种“实有”，即使这种实有够不上存在，因为不然我们所说的话便会失去意义。

罗素起初接受这个观点，事实上在《数学的原理》中还抱有这种看法，这就是如前面所指出的，为什么他在该书中表示相信“数、荷马诸神和神话怪物”存在或者至少实有的理由。但是这个观点的不可信服不久便冲击了他所谓的“生动的实在论”，因为这就使宇宙不仅充满了抽象的和神话中的实体，而且还充满了类似“圆的方”这样**不可能有的**事物。而这正是罗素所不能接受的。

罗素使用逻辑技术来设计一个美好的解决方案。他并不愿意放弃那种认为一个名称只有在被其命名的某种事物存在时才有意义的看法，但是他争论说，唯一的“逻辑专名”是指示人们能够**亲知**的**特定**实体的名称。罗素所说的“亲知”是指一个心灵与一个客体之间无中介的直接关系；其实例包括其对感觉材料的知觉认识（参看下文）以及关于命题等抽象实体的知识。只有逻辑专名可以正当地占有句子中主语的位置。最好的例子是“这”和“那”等指示代词，理由是每次使用它们时都保证有其所指。所以其他表面上的名称表达式事实上根本不是名称表达式；它们是（或者在分析之后显示为）“定摹状语”，即具有“那个如此这般的事物”的形式的表达式。这种表达式的重要性在于：包含摹状语的句子经过分析之后，摹状语消失了，故而人们所说的话有无意义并不依赖某种实体的存在或实有，而按照表层语法，这个实体正是摹状语表面上所指示的东西。

通过考察一个例子就可以看清这一点。且举“法国现在的国王是个秃子”这个句子，而说话时法国并没有国王。根据句子永远是非真便假的设定，人们如果被问到这个句子是真还是假时应当怎样回答？看来显然是要说“假”，不是因为现在的法国国王的头发茂密，而是因为他不存在。这一点让罗素打开了解决问题的思路。他争论说，包含占有语法上主语位置的定摹状语的句子，经过分析才看出原来是一组句子的缩写，这些句子断言某个具有作为法国现在的国王这一属性的事物存在、独一无二并且没有头发。所以“法国现在的国王是个秃子”等于说：

（1）有一个法国国王；

（2）只有一个法国国王；

（3）不管谁是法国国王，他一定是个秃子。

句子（1）断言其存在；句子（2）断言其唯一性；也就是说它具有摹状语中定冠词“the”所蕴含的意思，即所谈论的只有一件事物；而句子（3）则是谓语表述。原来的句子“法国现在的国王是个秃子”在所有这三个句子都真时便是真的；如果其中有一个假，它便是假的。当前这个句子是假的，因为句子（1）假。

在句子（1）到（3）中，摹状语“法国现在的国王”都没有出现。摹状语消失不见了（已经被分解掉），没有必要为了让这个句子有意义而召唤一个潜存的法国国王。

由于日常语言的不完善以及句子的表层形式能够偏离其深层的逻辑形式，罗素说这样给出的分析还不够完善。这就需要用符号逻辑的“完备语言”来加以表达。只有这种语言能够完全清晰地显示“法国现在的国王是个秃子”所断言的内容。这个句子的逻辑分析用现在的标准记法写出来就是：

$$(\exists x)[Fx \,\&\, (y)(Fy \rightarrow y=x) \,\&\, Gx]$$

“&”在这一串符号中代表“和”，将这串符号分成三个相连的式子，所以上面（1）到（3）这三个句子就分别是：

（1）$(\exists x)Fx$

这个式子读作“有一个是F的x”。设“F”为“具有作为法国国王的属性”；这个式子就表示“有某个是法国国王的事物”。[当然，如同方括号所表示的，存在量词（$\exists x$）约束着整串中每次出现的x。]

（2）$(y)(Fy \rightarrow y=x)$

这个式子读作“对于每一个y来说，如果y是F，那么y与x等同”。这个式子表示定冠词“the”所蕴含的唯一性，即只有一件事物具有属性F。

（3）Gx

这个式子读作"x是G"。设G为"没有头发"；这个式子就表示"x没有头发"。

一些反对罗素理论的意见主要都表现为反对他认为摹状语从来不是指称表达式的主张，并对他关于包含在语法上占有主语位置的摹状语的句子的分析提出质疑。就后一种情况而言，引起一些人争论的是他认为定摹状语同时体现唯一性和存在的主张。

关于唯一性这个问题有个例子，即某个人说"婴儿在哭"。罗素的分析似乎蕴涵着这句话只有在世界上仅仅有一个婴儿的情况下才为真。解决的办法是要求有一种含蓄的理解，即这句话的语境就显示出包容在其应用范围之内的世界有多大。假如一个婴儿的父母住在一排公寓里，这里有几十个婴儿都在哭，他们的婴儿也跟着哭起来。如果有人说"婴儿在哭"，那么显然不会产生误解，因为语境把指称限制到他们对之有特殊兴趣的那一个婴儿身上。看来这是靠直观就认识到的，它让人想到怎样推翻反对的意见，即借助于对"话域"的含蓄的或明言的限制可以做到。

关于存在的问题要更复杂一点。P.F.斯特劳森在一篇被多次引用的关于罗素的理论的讨论中争论说，在说"法国现在的国王是个秃子"时，人们并不是在陈述有个法国现在的国王存在，而只是预先假定或设想他存在（《论指称》，见《心灵》杂志，1950年）。这是通过下述事实来表明的，即如果某人讲出这个句子，他的对话者不大可能说，“这是假的”，而会说，“法国现在没有国王”，从而指明他实际上并没有做出一个陈述，即他并没有说出任何真或假的句子。这就等于说摹状语必然是指称表达式，因为摹状语对于包含它们的句子的真值的重要贡献是：除非它们有所指称，所说的句子就根本不具有真值。

斯特劳森使用“预先假定”这一概念来说明（照他的相反的观点看）摹状语怎样在句子中起作用。他这个概念引起不少批评性的争论，而他准备允许有“真值空白”的态度也是一样。“真值空白”就是在有意义的句子中不存在真值，这就破坏了“两值原则”，即每个（陈述的）句子必然具有“真”“假”两个真值当中的一个。但是对于他给予罗素的批评的主要反应却无疑是说，他的论证所依据的事实（即我们在某人说“法国现在的国王是个秃子”时不会说“这是假的”）并不意味着摹状语不能被看作是做出了存在的断言。我们的回答会是否认有一个法国国王，这也许是对的；只说“这是假的”毕竟有可能误导我们，因为它可能蕴涵某种十分不同的意思，即有一个头发浓密的法国国王。但是如果我们回答“现在法国没有国王”，我们实际上就已经承认使用摹状语就是做出存在的断言，因为这正是该否定句所要回答的问题。

另一个反对意见是认为罗素没有看出摹状语可以有两种不同的用法。且看下面两种情况。第一种情况是：你看到一幅你喜欢的绘画，于是就说“画这幅画的艺术家是个天才”。你并不知道这位艺术家是谁，但是你却把天才归属给他。第二种情况是：这幅画是《岩间圣母》，你还知道创作这幅画的人是列奥纳多·达·芬奇。在第一种情况下，摹状语的用法是“归属性的”，而在第二种情况下，其用法则是“指称性的”。按照提出这一批评的凯斯·唐奈兰的意见，罗素的说法只涉及归属性用法，这是有重大关系的，因为有这样的情况，即一个摹状语能够成功地指称某个人，即使这个摹状语并不适用于他——“那个在那边喝香槟酒的人是个秃子”可能被用来说出某种真实的情况，即使这个秃头的人杯子里只盛着汽水。

一种反应是在分析上区分开语义的与语用的层次。罗素的说法适用于语义的层次，这就使“那个喝香槟酒的人是个秃子”在字义上成了假的句子，因为虽然他真是个秃子，他喝的却是水，在语用层次上则成功地做出了指称，从而传达出一种真实情况，因为这种使用完成了任务。但是罗素也许可以争辩说，由于他的分析针对的是普遍认为具有特定指称作用的某一类**表达式**，他所说的话仍然有效；关于用法的问题则是另外的事。

然而这种反应并未提出用法与意义之间关系的问题。如果用法是意义的一大部分，关于用法的事实就必须在说明表达式怎样起作用上占有中心的位置。应该把多大的分量放在用法上，这个问题是有争议的；一种看法主张用法几乎就是全部意义，另外一些观点则反对这一主张。罗素的理论要求我们把表达式的语义学与表达式的用法当作至少是可以分离开的问题。

由于这个以及其他主要与哲学上至关重要的指称问题（即语言怎样钩住世界的问题）相关的理由，罗素的摹状语理论在语言哲学的争论中起着重要的作用。为了当前的目的，重要的是用它作为一个他应用分析技术来解决认识论和形而上学方面问题的实例，正如我们现在将看到的那样。

知觉与知识

哲学的中心问题之一是：知识是什么以及我们怎样得到知识？约翰·洛克及其经验主义传统的继承人争论说，关于世界的偶然性知识的基础在于感觉经验，这要靠使用五官，必要时还要靠望远镜等仪器的帮助。罗素同意这种看法，但是经验主义面临来自怀疑主义论证的挑战，这些论证旨在表明我们所认为的知识可能常常（也许一直）没有合理的根据。这有各种不同的原因。我们有时在知觉或推理上发生错误，我们有时做梦而不知自己是在做梦，我们有时由于发烧或饮酒而产生错觉。在我们断言自己认识某种事物的场合，我们怎能确信这种断言不会由于以上任何一种方式的影响而发生动摇？

1912年罗素在《哲学问题》一书中最早尝试系统地回答这些问题。他问道："有没有任何不让讲道理的人能够怀疑的确实的知识？"他做出了肯定的回答；但是这种确实性后来却被证实远远不是经过证明的绝对确实性。

根据对知觉经验的直接观察（比如说一张桌子由于知觉者或知觉条件的不同而显出不同的颜色、形状和质地），我们可以看出事物的表象与事物本身的样子是有区别的。我们怎样能够确信表象忠实地再现我们认为存在于表象背后的实在？正如怀疑主义关于梦境或错觉的论点所启示的，甚至还可能产生这样的问题，即我们是否确信在我们的感觉经验背后有实在的事物？

为了处理这些问题，罗素引进了“感觉材料”一词，用来表示在感觉中直接感知的东西：它们是对颜色、声音、气味、滋味和质地的知觉认识的具体实例，其中每一类感觉材料对应着五种感官之一。感觉材料要与感受它们的行为区分开来：它们是我们在感受行为中直接感知的东西。正如上面一段考察所表明的，感觉材料也必须与我们身外的世界中我们认为与它们相关联的事物区分开来。因此至关重要的问题是：感觉材料与物体之间的关系是什么？

怀疑主义者怀疑我们有权说能够认识在感觉材料这层面纱后面的东西，甚至怀疑我们有权说物体存在。罗素对此做出的回答是：尽管怀疑主义的论证严格说来是不可反驳的，然而却没有“丝毫理由”认为这些论证正确（《哲学问题》，第17页）。他的策略是把支持这种看法的有说服力的理由收集起来。首先，我们可以认为我们关于感觉材料的直接经验具有一种“原始的确实性”。我们承认，当我们经验到我们认为与比如说一张桌子有自然关联的感觉材料时，我们并没有说尽所有可以谈论这张桌子的话。举例说，我们认为这张桌子在我们离开房间后继续存在。我们可以买下这张桌子，用布盖上，把它推来推去。我们要求不同的知觉者应该能够知觉到**同一张**桌子。这一切都让我们想到一张桌子是某种超越那些显示给我们的感觉材料的东西。但是如果世界上没有一张桌子摆在那里，我们就该有必要构想出一个复杂的假说来，认为有与知觉者一样多的许多看来似乎不同的桌子，并且说明为什么我们大家讲话仍然好像我们在知觉到同一个物体一样。

但是要注意，如同罗素所指出的，照怀疑主义的观点看，我们甚至不应该认为还有其他知觉者：说到底，如果我们不能反驳不相信物体存在的怀疑主义，我们又怎能反驳不相信其他心灵存在的怀疑主义？

罗素是通过接受所谓的“相信最佳解释的论点”的一种说法来解决这个困难的。他争论说，采纳下面的假定确实更简易而且有力得多，即首先认为确实有不靠我们的感觉经验而独立存在的物体，其次还认为这些物体引起我们的知觉，因此它们与知觉的“对应关系”是可靠的。罗素沿袭休谟的看法，将对这个假定的依赖看作“来自本能”。

他争论说，此外我们还可以加上一类知识，即关于逻辑的和纯数学的真理的先天知识（甚至也许还有伦理学的基本命题）。这类知识完全独立于经验之外，完全依靠已知真理的不证自明性，例如“1+1=2”和“A=A”。知觉知识和先天知识一旦结合起来就能使我们获得超越直接经验的关于世界的普遍性知识，因为第一类知识给了我们经验的材料，而第二类知识则让我们可以从第一类知识做出推论。

这两类知识当中每一类又可再加区分，罗素把它们分别叫作直接的知识和导出的知识。他把对事物的直接认识叫作“亲知”。亲知的对象本身又分为两类：**特体**，即个别的感觉材料，或许还有我们自己；以及**共相**。共相有各种不同的种类。它们包括“红”和“平滑”等可感觉的性质，“在……的左边”或“在……以前”等空间和时间关系，以及某些逻辑上的抽象概念。

罗素把关于事物的导出的知识叫作“描述的知识”，这是有关事实的普遍性知识，是由于把我们亲知的知识结合起来或从中引出推论得到的。人们知道珠穆朗玛峰是世界上最高的山峰，这是描述的知识的一个实例。

罗素把对真理的直接认识叫作“直观的知识”，他把这样认识到的真理说成是**不证自明的**真理。这些都是“极其明显的命题，不能从任何更明显的命题推导出来”。例如我们一看就知道“1+1=2”是真。属于直观知识的还有关于直接经验的讲述；如果我只是陈述我现在意识到的感觉材料，我是不会（除了细小的口误）错的。

导出的真理知识就是一切通过不证自明的演绎原则从不证自明的真理推论出来的知识。

罗素说，尽管由于引进我们拥有的先天知识而显得很严格，我们还是必须承认，我们通常的普遍知识的基础只不过是以“最佳解释”作为合理根据并依靠认为它可信的本能。所以通常的普遍知识至多相当于“大体上具有盖然性的意见”，但是当我们看到具有盖然性的意见形成一个融贯的和相互支持的体系（体系越是融贯一致和稳定，形成体系的盖然性也就越大）时，我们就明白为什么我们有理由依赖这些意见。

罗素理论的一个重要部分涉及空间，特别是关注科学所假定的公共空间与个体知觉者的感觉材料所在的个人空间之间的区别。个人空间是知觉者以自己作为框架的中心，将各种不同的视觉、触觉以及其他种类的经验协调起来构成的。但是由于我们对空间没有亲知，所以它的存在与性质就完全是推论出来的东西了。

这就是罗素在《哲学问题》中提出的最早的一种关于知识与知觉的理论。这种说法初看似乎带有一种常识的清新气味，但却远远不是没有问题。例如，罗素说到“原始的”知识并说这就是直观的知识；但是他并没有说明这种知识是什么，而只是说这种知识不需要任何比它本身还要不证自明的道理的支持。但是这个定义实在不够确切，而他又补充说不证自明有两种，其中一种是基本的，这就弄得更加含糊。这种区别有没有意义？“不证自明”究竟是什么？他也没有考虑这种可能性，即两个命题可能互相矛盾，但分开来看却又显得不证自明。如果发生这种情况，应该选择哪一个？并且根据何种附加的关于不证自明的原则？

针对罗素的观点还有另外一种批评，即说它对于感觉经验的基本性质做出了一个重要的然而却是成问题的假定。这个假定认为，感觉材料（即作为最小限量的感觉，如特定的颜色、气味或声音等）只是经验中给予的而且是经验中最原始的成分。但是照这样的理解，感官经验实际上就完全不是“薄薄的”和直接的。倒不如说感官经验是关于房子、树木、人、猫和云彩的丰富而复杂的经验，照现象学的说法讲，它是“厚厚的”，而感觉材料则只是经过一次把我们通常理解的知觉经验完全抽空的复杂过程之后才得到的东西。例如我们不是看见一个长方形而推论出这是一张桌子；我们是看出一张桌子，并在关注它的形状时才看到它是一个长方形。

这种批评就其本身而言无疑是对的，但是有一些办法可以对它加以调整，使我们仍能描述经验中纯感觉的方面，而无须依靠它所载有的信念和理论的重负。因为整个论点在于，我们是在试图借表明知觉经验使得我们相信这些信念来确认我们有正当理由拥有它们，我们显然需要对纯粹的知觉经验本身做出阐述，以便让我们能够评价它是否胜任完成这项任务。罗素讨论感觉材料的目的正在于此。另外，罗素认识到感觉材料并非在知觉上**给予**的东西；在他写于《哲学问题》以后十年间的著述中，他反复指出感觉材料的全部特征来自分析的结尾而不是在经验的起始。

另一种批评是，罗素认为直接经验是可以用命题表达的，这些命题尽管只描述在主观上“给予的”东西，还是可以用作关于世界的知识的基础。但是那些看来只适用于个人经验而并不涉及这种经验之外的东西怎能作为认识论的基础？下面的说法是没有用的，即说罗素也承认逻辑原理这种先天知识，后者允许根据这些命题做出推论，因为除非主体另外拥有普遍的经验上的信念作为这类推论的大前提，以及事实上由推论加以测验或支持的某些经验上的假定，就不会有做出推论的动机。但是这些条件在一个（照罗素所描述的）只拥有感觉材料和不证自明的逻辑真理的经验者身上是不具备的。

这个问题对罗素本人也很有影响，在过了很久之后（在《人类的知识》一书中）他才去处理它。他接受了一种他曾在其他地方贬低过的康德哲学中的说法，即（在逻辑真理之外）我们必须有某些先天认识的东西，才可能有知识。这个极其重要的论点将在以下适当的地方加以讨论。

批评家们提出的一个问题是：罗素所依靠的表明现象与实在之间有区别的理由（按照他的讲法）并不使人信服。一个物体对一个知觉者显示出一种颜色或形状，但对另一个知觉者却显示出另一种颜色或形状，而对处在不同条件下的同一个知觉者也显示出不同的颜色或形状（比如说他是在白天还是黑夜看见这个物体，是从某个观点看还是从另外一个观点看）。这一事实告诉我们，物体怎样显示给知觉是个复杂的问题。但是这一事实本身并不是说我们知觉到的东西是另外一个物体。

这种批评本身是正确的，但是事实上还有其他完全适当的方法来划分现象与实在之间的区别，正如知觉哲学近来的工作成果所表明的那样；所以罗素此处的论证可以看作（他自己也是这样看的）是启发性的，即只是为了举例说明论点以便启动讨论。

但是这种批评让人联想到另外一种更重要的批评。这就是，罗素与其自笛卡尔以来的先行者以及其某些后继者（如H.H.普赖斯和A.J.艾耶尔）一样，从笛卡尔那里接受一个极为重要的假定，即探讨知识的正确起点是个体的经验。个体要从自己的意识材料开始，从中找到理由来支持他对自己头脑之外的世界做出的推论（或者更宽泛地说，支持他对世界所抱的信念）。20世纪哲学的一个重大转变就是反对这个笛卡尔式的假定。这个假定的严重困难之一是，一旦我们接受了它，我们对它就不能置之不理或加以反驳。另一个严重的困难是，在这样薄弱的基础上，我们根本不能想象自称是唯我论的认识者，仅凭自己的心灵就能够对其感觉经验做出命名或思考，更不用说能够根据它们推论出一个外在的世界。这两种考虑坚定地将我们推向这种想法，即认识论的正当起步点说来说去还是在公共的话域之内。

外部世界与其他心灵

罗素本人并不满意他在《哲学问题》中处理问题的方式。这本书原是作为一本通俗书写的，对其中的论题并未做出严格的陈述。在以后的四十年中，他一再回到知识与知觉的问题上来。在《哲学问题》出版与第一次世界大战爆发之间的岁月里，他认真探讨过这些问题，写出了大部头的《认识论》的初稿，他发表过其中的一部分，还有一部分则放弃了。同时他还写了一系列重要演讲，于1914年以《我们关于外部世界的知识》为书名出版。在这部著作中，他更加细心地考察了《哲学问题》中理论的各个方面，取得了重要的结论。

《哲学问题》与《我们关于外部世界的知识》之间的一个区别在于，罗素已经看到经验主体的知识基础（只对他一个人显示的感觉材料以及他对逻辑规律的直觉知识）作为起点是太薄弱了。他并不是在反驳刚才讨论过的笛卡尔式的假定；而是由于现在更加察觉到这个假定带来的困难，所以在想办法缩小这些困难。因此他更加重视主体拥有记忆的事实并掌握当前经验中各成分之间的空间与时间关系。主体还有能力去比较感觉材料，例如颜色与形状的差别。通常的共同信念和相信有其他心灵存在的信念仍未包括在内。

罗素由于有了他现在称之为“硬感觉材料”所提供的更为丰富的基础，他把要回答的问题做了这样的表述：“除了我们自己的硬感觉材料之外，还有没有东西可以经过推论认为它存在？”他的方法是首先表明我们能够作为一个假设来构建一种空间概念，可以容纳既有主体本人的也有主体从他人证词得知的经验事实。然后，为了看清我们是否有理由相信这个空间世界是真实的，罗素提出一种相信其他心灵存在的论证，即如果一个人真有理由相信这一点，那么他就能够依靠他人的证词，因此这些证词加上一个人自己的经验就会有力地支持那种认为存在着一个空间的（即真实的）世界的看法。

这个策略颇具匠心。罗素在1914年早些时候写的一篇文章《感觉材料与物理学的关系》中又添加了一个同样有创见的关于感觉经验与事物的关系的想法。他在《哲学问题》中曾说我们从感觉材料推论出物理的事物；他现在则说物理的事物是感觉材料的功能，或者按照他有时使用的说法，是由感觉材料组成的“构造”。这里使用了逻辑技术，表明一件事物可以分解为另一类事物。罗素将“只要可能，就应该用逻辑结构为代替推论出来的实体”这个原则说成是“科学哲学思考的最高箴言”。依照这个原则，物体就可以相应地分解为由感觉材料组成的结构；然而并不仅仅由实际的或当前发生的感觉材料而且还由“可感觉的东西”所组成，后者的意思是指“现象”或者用罗素的说法就是“事物显示的方式”，而不管其是否构成任何知觉者的经验中当前发生的那一部分。这是用来说明物体在不被知觉时仍然存在那种情况的。

罗素现在认为，这种看法的一个重要方面是：感觉材料与可感觉的东西都不是个人的精神实体，而是物理学的真实题材的一部分。它们确实是“物理世界的最终组成成分”，因为常识和物理学的证实最终还是依靠它们。这一点很重要，因为我们通常认为感觉材料是物体的功能，也就是说，感觉材料的存在并具有其特性乃是由物体引起的；但是证实却只有在把问题反转过来看时才有可能，即把物体当作感觉材料的功能。这个理论从可感觉的东西“构建”物体；因此前者的存在证实了后者的存在。

罗素并未进一步发展这一有特色的理论，而是放弃了它；他在以后的著作，特别是在1927年的《物的分析》和1948年的《人类的知识》中，转而重又把物体及其占有的空间当作从感觉经验推论出来的东西。有一些考虑迫使他这样做。一个原因是受到物理学与人类生理学等科学的推动，使他接受了这些科学所提供的标准看法，即知觉是由物理环境作用于我们的感官造成的。他写道：“只要接受知觉的因果说，就不得不做出这样的结论：知觉结果是在我们的头脑之中，因为它们出现在一个物理事件的因果链的末端，这个因果链在空间由物体通向知觉者的大脑。”（《物的分析》，第32页）他在《心的分析》（1921）中不再谈论“感觉材料”，并且不再区分感觉行为与被感觉的东西。他这样做的理由与他的心灵学说（本书后面将做出简述）有关。

罗素放弃这一理论的另一个重要原因是：他所努力表述的关于个人空间与公共空间、两者之间的关系和认为可感觉的东西占有两种空间的方式的一些看法，由于其复杂性和他逐渐看到其不能言之成理而变得不可取。他在《我的哲学发展》中曾简单提到这一组问题。他在该书中说，他之所以放弃“单从经验材料构建‘物质’的努力”，主要是因为这是“一个不可能实现的计划……物体不能被解释为由实际经验到的成分所构成的结构”（《我的哲学发展》，第79页）。现在，这一最后的说法严格来讲与罗素原来表述的意见并不一致，原来的文字说可感觉的东西并非必须实际被感觉到；《我的哲学发展》对这个理论做出了比原来说法带有更浓厚的现象论色彩的解释。但是它接触到这个理论的一个严重的问题，即“未被感觉到的感觉材料”的说法是前后矛盾的，因为这种感觉材料甚至不需要（相反，其名称倒似乎要求）与知觉有一种必然的关联。

对罗素来说，放弃体现在《认识论》原稿与《我们关于外部世界的知识》中的方案无疑是一个打击，因为在完成了《数学原理》之后，他就把注意力转到知识与知觉问题上来，这时他看到解决这类事情与物理学之间的关系问题这一任务是他下一个重大贡献。这是他从1890年代起就怀抱的雄心壮志。

认识论中还有其他一些重要的问题，罗素在做出的这些努力中只是匆匆提到。这些问题涉及传统上认为是科学支柱的那种推理，即非证明性推理。过了若干年之后罗素才重新思考这些问题：他做出的主要讨论见于他在第二次世界大战后写成的《人类的知识》一书。在这段时期，他把注意力转向了有关方法和形而上学的某些问题上去，这些问题在他致力研究知觉的过程中显得很重要。这些问题是下一章讨论的主题。

第三章

哲学、心灵与科学

方法与形而上学

罗素将他从《我们关于外部世界的知识》以后发展起来的哲学观点叫作“逻辑原子主义”。逻辑原子主义主要是一种方法，罗素希望用它解决关于知觉的性质及其与物理学的关系等问题。重要的是要看到罗素在《数学原理》之后四十年中的哲学工作主要致力于探讨知觉与物理学的关系这个特殊问题上，实际上也就是努力为科学提供一个（适当的）经验基础。在这里科学被看作是关于世界的理论，它最有可能成为真理或者至少接近真理。逻辑原子主义由此也就为罗素提供了他的形而上学，即他关于实在的性质的说法。这种形而上学（至少就其简单明确的意思来讲）看来并不是当时流行的物理学的物质观，而是把物质表述为逻辑结构。罗素对其形而上学观点的说明几乎一律采用概述的方式，写进他关于逻辑分析的许多讨论中的结论部分；他把大部分注意力都集中到分析策略本身上面。

逻辑原子主义的哲学

罗素曾在许多地方讲过逻辑原子主义，其中最重要的是

《我们关于外部世界的知识》中“逻辑是哲学的本质”那一章，以及1918年发表的标题为《逻辑原子主义的哲学》的一系列讲演（后收进马尔什编《逻辑与知识》一书）。《逻辑原子主义》（1924）一文概括了逻辑原子主义的方法和目的（也收进马尔什所编书中）。

逻辑原子主义的方法的要旨就是罗素的这一主张：“逻辑是哲学的本质”，在这里“逻辑”指的是数理逻辑。数理逻辑的重要性在于它提供了对结构进行强有力的并在哲学上有所发现的分析手段；特别是关于命题与事实相互关联的结构。

人们早已看出，命题的分析怎样表明，把一切命题都看作具有主谓语形式是错误的，在这一点或有关方面表层语法令人产生误解，例如在我们把摹状语或普通名称当作指示性表达式的时候。当我们断言这些命题时，对于我们所谈论的世界以及命题本身，同样也可以做出在结构上有所发现的分析。

在“逻辑是哲学的本质”一章中，罗素从前一种结构开始，概述了这两种相互关联的结构。他说，世界是由具有许多性质和关系的许多事物所组成。一个关于世界的总目录不仅要求有列举出事物的名单，而且要求有列举出事物的性质和关系的名单。换句话说，这将是一个关于事实的总目录。事物、性质和关系是事实的组成部分，转过来事实又可以分解为事物、性质和关系。事实由罗素称为“命题”的东西来表述，命题则被定义为“被断言为真或伪的语言形式”。罗素将表述基本事实的命题称为“原子命题”。当这些命题由“和”、“或”和“如果——那么”等逻辑词结合起来时，结果便构成复合或“分子”命题。这些命题极为重要，因为一切可能的推理全都依靠它们。

最后还有一种普遍命题（例如“凡人皆有死”）及其用“有些”构成的否定式（例如“有些人是不死的”）。它们所表述的事实在某种程度上依靠先天的知识。这个至关重要的道理是在对命题与事实的分析进行思考后才显现出来的结果。从理论上讲，如果我们知道全部原子事实，并且知道它们就是**全部**原子事实，我们就能从它们推论出所有其他真理。但是普遍命题却不能只从原子事实通过推论得知。看一看“凡人皆有死”：如果我们知道每个个体的人以及他们必皆有死，在我们知道他们就是世上所有的人之前，我们仍然不能推论出“凡人皆有死”；而这就是一个普遍命题。罗素眼光敏锐，强调了这个道理的重要性。因为普遍真理不能只靠个别真理推论出来，并且因为一切经验证据都属于个别真理，由此可知只要有知识就必然有某种普通的先天知识。罗素据此反驳旧的经验主义者，因为在他们看来，一切知识是完全建立在知觉经验之上的。

立即出现的问题是：在什么地方找到这类普遍的知识？罗素的回答仍然是他在《哲学问题》中所说过的，即这类知识是在逻辑中找到的，因为逻辑向我们提供完全普遍的不证自明的命题。看一看这个命题：“凡人皆有死，苏格拉底是人，所以苏格拉底有死”，这个命题包括经验性字词（“苏格拉底”“人”“有死”），所以不是一个纯逻辑命题。但是表示其形式的纯逻辑命题“如果任何一个事物具有某种性质，而且凡是具有这种性质的事物都具有某种另外的性质，那么这个事物就具有这种另外的性质”（更清楚的表达式是：“所有F都是G，x是F，所以x是G”）却既具有完全的普遍性，又是不证自明的。正是这类命题使我们超越了经验的个别性的局限。

在《逻辑原子主义的哲学》中，这一分析性纲领的细节得到了更详细的说明。名称中所说的“逻辑”标明所达到的原子是“经过分析最后剩下的东西”，在这里分析是逻辑的而不是物理的（《逻辑原子主义的哲学》，第178页）。这些原子是一些殊相，例如“小块的颜色或片段的声音，瞬间的事物——以及……谓词或关系”。目的在于从人们对于世界所抱的通常信念过渡到精确地理解经验是怎样作为科学的基础；也就是说，“从那些我们自以为确实可靠的明显而又模糊、含混的事物过渡到某种精确、清晰、确定的事物，我们经过思考和分析发现后者就包含在我们开始见到的模糊事物之中，可以说就是以该模糊事物为影子的真实情况”（出处同上）。方法是把复合符号——命题——分解为组成它的简单符号；这种分析的终点是对作为简单符号的意义（这里“意义”就是“所指”）的事物有直接的亲知（《逻辑原子主义的哲学》，第194页）。在一种比如说由《数学原理》有意提供的“逻辑上完备的语言”中，一个命题的组成部分——简单符号——同一件事实的组成部分有着一一对应的关系，只有逻辑表达式“或”“和”等在外。每个简单事物都由其本身各自不同的简单符号来表示。罗素说，这样一种语言“一看就显示出被肯定或否定的事实的逻辑结构”（《逻辑原子主义的哲学》，第198页）。

罗素在这个基础上写了一段“形而上学的漫谈”。逻辑原子主义在理论上（如果不是在实践上）是这样一种看法，即认为分析使得我们接触到组成世界的最根本的简单事物。简单事物被定义为一切不是复合的事物——即不能进一步分解的东西——每一个简单事物都是一个独立的自身存在的事物。另外，它们还是非常短暂的事物，所以由它们组成的复合事物都是“逻辑的虚构”，合在一起为我们的认识或实用的目的服务。

简单事物有无限多的种类。有各种不同等级的个别事物、性质和关系，但是其共同点却是都具备一种为任何其他事物所没有的实在性。世界上唯一另外的客体便是事实；事实是被命题所断言或否定的东西。事实并不具有与其组成部分相同的实在性，关于事实的知识与关于简单事物的知识很不相同；前者是通过描述得到的知识，而后者则是通过亲知得到的知识。

罗素的分析方法包括奥卡姆剃刀的原则，即认为在研究存在的事物时应使用最简约不过的学说。这个原则可描述为提出这样一个迫切的问题：“为了能够定义需要被定义的东西和证明需要被证明的东西，我们最少需要多少简单而未被定义的事物和未经证明的前提？”（《逻辑原子主义的哲学》，第271页）一个日常见到的物体，例如书桌，在应用奥卡姆剃刀后便可叙述如下。我们认为书桌是一个在未被知觉时一直存在的物体。正如怀疑论者可能指出的，这个信念乃是基于对书桌有时断时续的知觉，而这些知觉本身却一点也没有告诉我们书桌是否在知觉间断时还继续存在。然而我们却说书桌所有这些不同的显相是**同一张**书桌的显相。是什么原因使得我们这样说？罗素的回答是由显相组成的系列被我们简单地定义为一个单一的继续存在的物体。“通过这种方式书桌被还原为一个逻辑虚构，因为一个系列就是一个逻辑虚构。通过这种方式一切日常生活中的物体都从存在的范围中排挤掉了，取而代之的是一些转瞬即逝的个别事物，那类人们通过感觉直接意识到的东西”，即感觉材料（《逻辑原子主义的哲学》，第273页）。所以我们称为实在的事物“是些由个别事物的类所构成的体系、系列，个别事物成了实在的事物，因为个别事物在其正好呈现给你时就是感觉材料”（《逻辑原子主义的哲学》，第274页）。

这种处理问题的方法让罗素想到一种物理学的分析——物理学的原子也被理解为逻辑虚构，这种分析使得罗素走向一种名为“中性一元论”的心灵观。在这个阶段他还未充分阐述看法；但是后来根据他观点上的某些重大改变，他才对它们给予了特别的注意。他在《物的分析》（1927）和《心的分析》（1921）中分别详述了上面两种看法。我把对它们的专门讨论放在后面。

逻辑原子主义的一些问题

逻辑原子主义很难让人感到满意。首先，罗素对它的表述只是个概要，而其目的又是想同时解决几个不同的问题。这是一种经验论的意义理论，也就是说它必须提供关于知识、知觉和心灵的理论，并以意义理论为中心，说明词语的运用以及如何学习和理解词语。后一项任务由于罗素的下述观点而变得复杂起来，即他认为日常语言的表层形式起着误导作用，如不做出正确分析，便会因此产生坏的哲学：

> 我认为哲学语法的重要性比一般认为的要大得多。我认为所有的传统形而上学都充塞了坏的语法产生的错误，几乎所有的形而上学的传统问题以及形而上学的传统结论——想当然的结论——都来自未能在我们可以叫作哲学语法的学科中做出区分。
>
> （《逻辑原子主义的哲学》，第269页）

所以进行这种分析全靠认为语言有其深层结构，它与表层结构有重大的不同，而只有深层结构才与经过分析后显示出的世界结构相对应。所以由此产生的一个大问题便是《数学原理》的逻辑是否是表述自然语言的深层逻辑形式的唯一正确方法。

罗素的理论把一种纯逻辑的关于结构的说明同一种依靠感觉材料的经验论结合起来，方法是把感觉材料作为组成世界结构的简单事物。但是他还必须让简单事物不仅包括事物而且包括事物的性质和关系——即共相——而这就立即招来另外一种困难，因为看不清楚共相也是按照个别事物（殊相）作为简单事物的方式被看作是简单事物的。简单性的特点是不可分析性和独立性。即使就罗素所举的最佳实例——某种特定的颜色浓淡构成的颜色小块——来讲，共相有这些特点吗？不会有的；因为成块的颜色并非各自独立的，而指示它们的表达式也能够引来命题之间的不相容性。

罗素相信这类问题可以通过对日常事实话语进行完全彻底的分析来克服。但是他一直未能完成这样一种分析，而不得不把它作为由未来的科学哲学完成的工作，或者换个方式去研究，如果找到一种途径的话。这就使他做出某些令人感兴趣的让步：

> 当我说简单事物时，我应该说明我是在说某种并非被经验到的简单事物，而只是通过推理得知的分析的极限。通过更好的逻辑技术完全有可能不需要假定简单事物的存在。如果一种逻辑语言的简单符号（即不含以符号为其组成部分或不含任何有意义的结构的符号）都代表某一类型的客体，即使这些客体并非简单事物，那么这种逻辑语言就不会导致谬误。这样一种语言的唯一缺点是它不能处理任何比它用简单符号所代表的客体更简单的事物。但是我承认在我看来很明显的是（正如莱布尼茨所认为的一样）复合事物必然由简单事物组成，尽管组成部分的数目可能多到无限。
>
> （《逻辑与知识》，第337页）

在这段文字中罗素实际上退一步承认，由于他把经验论与原子主义结合起来而出现的问题——如果感觉材料是简单事物，而简单事物又是推论出来而非经验到的东西，那么这种学说便是不融贯的——并且打破了他在其他地方坚持过的简单符号与简单实体之间的联系：因为在这里他说简单符号可以表示复合实体；

唯一的要求是它们一定要属于一个类型。此外，如果简单事物的数目大到无限，那么甚至构造一种在逻辑上**完备**的语言的前景就非常暗淡，因为这种语言会包含无限多的名称，而分析本身由于其程序可能多到无限，也将永远不可能充分完成。

有些评论家指出，逻辑原子主义如果脱离开经验论，作为一个纯形式的理论，就会更加成功，正如维特根斯坦在《逻辑哲学论》中所做的那样。这样看来，逻辑原子主义的要旨是：表达式（不同于例如“和”这样的逻辑表达式）有两类，即那些指示存在的（简单的）事物的表达式和那些可以分解为这类表达式的表达式。如果我们抛弃了那种主张简单事物就是感觉材料因而也就是亲知客体的经验论，我们也抛弃了关于人类怎样能够学习和理解语言的说法，而这是一个严重的缺点；罗素确实认为至关重要的是应该有这样一种说法，而这也就标明了罗素与维特根斯坦各自不同的逻辑原子主义的主要区别。但是正如已经指出的那样，想把经验论嫁接到原子主义上的努力产生了这样一些困难，我们也许必须接受这个缺点——尽管我们也可以很自然地把原子主义与这些考虑（作为任何一种适当的语言理论的必要条件）之间的不相容当作放弃原子主义本身的一个理由。

但是试图使经验论脱离原子主义的努力却对于罗素的名称理论造成了困难。按照这个理论，逻辑上的专名很像“这”和“那”等指示词；它们没有描述性内容，它们的意义就是所指示的个别事物。因此这些意义只能通过亲自认识它们所指示的事物来获知；但是放弃关于经验的考虑就意味着该理论的这一部分现在已不适用。这就产生一个问题；因为这个观点的主要应用之一在于分析日常语言表达式，后者看来是指示暂时存在的事物——例如书桌等等。该理论的纯粹形式要求每个逻辑上的专名必须有某种由它指示的事物。照经验论的理论来讲，这类被指示的东西就是暂时的感觉材料，因而除了知道名称所指示的东西之外，我们还知道名称与其所指示的东西也有一个共同的方面，即它们也是暂时性的。但是照纯粹形式的理论来讲，人们并不清楚怎样刻画名称的特性，因为我们并不知道那些未知的——纯粹形式的——最终存在物是什么。不让我们自己有一个关于这种情况的理论进一步意味着我们根本不知道命名关系是怎样运作的；例如按照经验论的理论，当某人将一个感觉材料取名为“那个”或某个同样适用的名称时，并不存在行洗礼命名的场合。而这也意味着我们对于为什么**这个**名称是**那个**个别事物的名称，以及它是否已是另外一个事物的名称却讲不出任何道理来；不管怎样，一旦我们自己想到有名称而无命名者、语言学习者或感知者，看来这也许就会是个小问题。

这一类考虑显示让原子主义脱离开经验论所得到的好处是极其有限的。碰巧这些反对意见本身并不足以对逻辑原子主义中提供意义理论的那些方面造成致命的伤害；连同它们与语言理解的联系，还有其他发展它们的办法。但是要做出充分的估价还要考察罗素本人在其后来关于心与物的思想中所提出的为什么要修正逻辑原子主义的一些特点并抛弃另外一些——比较重要的——特点的理由。现在我就对这些论点做一个概述。

心与物

罗素在1918年阐述他所主张的逻辑原子主义观点时曾说，他觉得威廉·詹姆斯的“中性一元论”很有吸引力但仍未能使他信服。这个学说是为了解决长期存在的关于心与物之间的差别与关联的问题而提出的。说得概括一些，詹姆斯的学说认为世界归根结底既不是唯心论者所认为的由精神材料构成，也不是唯物论者所认为的由物质材料构成，而是由一种“中性材料”所构成，心与物两者都由此而来。按照罗素自己的说法，他在结束了关于逻辑原子主义的讲演之后不久就转而相信这个学说。他在1914年曾写文章谈论并驳斥詹姆斯的观点；他在1918年的讲演中则对此抱有比较同情的看法，但态度仍未决定；然而在一篇题为《论命题》（1919）的文章中他终于完全赞同这个学说，并在1921年以它为基础写成《心的分析》。罗素后来对这个学说做了一些改进，但是我做的这个概述仍然主要依据《心的分析》一书。

通俗哲学说心与物是非常不同的，其不同在于心灵有意识而物质的东西（如石头）则没有意识。因此罗素提出的问题是：意识是不是精神的东西的本质？为了回答这个问题，人们首先就要大略知道意识的性质是什么。思考一下意识现象的典型实例——知觉、记忆、思维、相信——就会看出意识的首要特点乃是在任何这类方式中**意识到**总是**意识到**某种事物。哲学家把这种特征称为“意向性”，也许还可以称为“关涉性”或“指向性”。所以意识的概念基本上是一个关系概念；一次心灵的**行为**——一次知觉或相信或诸如此类的行为——都关涉到一个**对象**——被知觉到的对象，被人相信的命题。实际上按照这一学说的某些说法，例如迈农的主张，起作用的有三个因素：行为、内容和对象。举例来说：假如某人想到伦敦的圣保罗教堂。有某人的思想行为；有这一思想的性质即它关涉到圣保罗教堂而不是其他某个教堂——这就是其内容；然后还有行为的对象，即圣保罗教堂本身。

罗素驳斥这些观点。首先，他说并没有“行为”这种东西。一种思想内容的发生就是这种思想的发生，如果另外再加上一种“行为”，这就既没有经验上的证据，也没有理论上的需要。罗素分析人们可能不这样想的原因在于我们说“**我**如此这般地想”时会暗示思维是一种由主体完成的行为，但是他反驳这种看法，理由很像休谟所提出的，后者认为自我的概念是一种虚构，认为根据经验我们最多只能说有一些为了方便才被我们包装为“我”和“你”的思想束。

其次，罗素批评内容与对象之间的关系。迈农认为这种关系是直接的指称关系，但是照罗素的观点看，这是一种更为复杂和派生出来的关系，主要由关于内容之间，内容与对象之间以及对象之间许许多多多少是间接的关联所抱的信念所构成。此外加上这一事实，即人们在想象和幻觉等不寻常的经验中能够有无对象的思想，人们就看出内容-对象的关系包含许多困难——罗素说重要的是这引起了认为内容比对象重要的唯心论者与认为对象比内容重要的实在论者之间的争论。（罗素使用这些名称虽然合乎常规，却令人产生误解：为了精确，我们在这里应该用“反实在论者”来代替“唯心论者”；原因在于：从根本上讲，实在论与反实在论确实是关于内容与对象之间关系的不同论点，因而是**认识论的**论点，而唯心论则是关于世界性质的**形而上学的**论点，即认为世界的性质归根结底是精神的。这一点在哲学争论中经常受到忽视，罗素这样做不足为奇。）罗素认为所有这些困难都可以避免，如果我们采纳威廉·詹姆斯的“中性一元论”的话。

中性一元论

詹姆斯争辩说，在形而上学意义上唯一的最根本的素材按照其相互关系安排成不同的模式，其中有些我们叫作“精神的”，有些则叫作“物质的”。詹姆斯说他由于不满意一些关于意识的学说才提出了他的观点，这些学说不过是模模糊糊继承了一些关于“灵魂”的陈规之谈。他同意思想的存在；他反对的是把思想当作实体。相反，思想是功能：“没有什么与构成物质的东西的素材截然不同的原始素材或存在的属性，用以形成我们关于这些物质的东西的思想；但是经验中却有一种由思想完成的功能，通过完成这一功能，我们才求助于这种存在的属性。这种功能便是**知道**。”（詹姆斯，《彻底经验论论文集》，第3—4页）

按照詹姆斯的观点，他所说的唯一的“原始素材”就是“纯粹经验”。“知道”是一种可以由不同部分的素材参与的关系；这种关系本身同其关系项同样都是纯粹经验的组成部分。

罗素不能完全接受这种观点。他认为詹姆斯使用“纯粹经验”一词显示出唯心主义的残余影响，因而不采用它；他喜欢其他人所用的"中性素材"的说法，这是一个重要的名称上的改动，因为不管"原始素材"究竟是什么，它必须能够——经过不同的安排——产生不能用"经验"适当称呼的东西，比如说星辰和石头。但是即使对于这个修改了的观点，罗素也只是表示部分的赞同。他说，反对把意识当作实体是对的，把心与物都看作是由中性素材所构成也只是部分上而不是完全正确，而单独存在的中性素材则既不是精神也不是物质，特别是关于感觉方面；这是罗素的一个重要论点，因为他的压倒一切的目的就是把物理学同知觉结合起来。但是他坚持说某些事物（意象和情感）只属于精神世界而其他事物（一切不能描述为经验的东西）则只属于物质世界。两者的区别在于支配它们的因果关系；有两种因果律，一种只适用于心理现象，另一种则只适用于物理现象。休谟的联想律是第一种因果律的实例，万有引力定律则是第二种因果律的实例。感觉受两种因果律的支配，因而真正是中性的。

罗素采用了这样一种中性一元论之后，便不得不放弃他以前的某些观点。一个重要的变化是他放弃了"感觉材料"的概念。他这样做的原因是：感觉材料是精神行为的对象，而他现在却已经不承认精神行为的存在；因为在不存在的行为与这些行为的假定对象之间不可能有什么关系，所以也就不可能存在这类对象。而因为感觉与感觉材料之间并无区别，也就是说，因为我们现在把看见——例如一块颜色——的感觉理解为**就是**这块颜色本身，所以我们在这里只需要一个名词，罗素为它取名为"感觉结果"。

罗素在接受中性一元论之前曾由于一些理由而反对过这种

观点，其中一个理由是它不能说明信念。正如已经指出的，尽管他接受了这种学说，他还是做出了修改；精神与物质有其互相重合的共同部分，但又各有其不可转化的方面。然而最后终于说服了他的却在这一点上，即在他看来，心理学与物理学已经走得非常接近：研究原子与相对论时空的新物理学事实上已经把物质非物质化了，而心理学（特别是行为主义心理学）事实上也已经把精神物质化了。从内省的内在观点看，精神的实在是由感觉和意象构成的。从观察的外在观点看，物质的东西是由感觉和可感觉的东西构成的。通过把精神与物质之间的基本区别看作是安排上的不同，似乎有可能提出一个大体上统一的学说：精神是由物质按照一种方式形成的结构，脑子则是由大体上相同的物质按照另一种方式形成的结构。

令人惊异的是，这种观点的一个突出特点是它带有很多的唯心论的成分。正如已指出的，罗素指责詹姆斯还有唯心论的残余。但是他在这里却在主张某种与之难以区分的观点：认为精神是由感觉到的知觉结果所构成——感觉和意象——而物质则是由未感觉到的知觉结果所构成的逻辑虚构。现在罗素经常（用他早期使用的术语）坚持说感觉材料和可感觉的东西是“物质的”实体，这大体上是按照下面的意思来讲的：如果人们谈论神经系统中一项感觉信息，该感觉材料就会作为神经冲动或脑子的活动而出现。但是这样一来作为物理学说对象的神经和脑本身就必须被理解为由感觉和可感觉的东西形成的构造物，而不该被理解为传统上所说的“物质实体”，后者已被物理学证明是一个站不住脚的概念。因此罗素在《心的分析》一书的结尾说："对于世界上发生的事情做出最后的科学说明，如果可以确定的话，会更类似心理学而不是物理学——[因为]心理学更接近存在的事物。"(《心的分析》，第305、308页)这就说明了罗素为什么提出他那有名的主张的原因，即"脑子由思想构成"，而当一个生理学家观察另一个人的脑子时，他所"看见"的是他自己脑子的一部分(希尔普：《罗素的哲学》，第705页)。

对于各种坚定的唯物主义来说，罗素这一方面的观点很难接受。但这还不是他那种中性一元论的唯一困难。较重要的一点是他没有达到他的主要目标，即驳倒将意识当作精神现象与物质现象之间主要区别的看法。当然他并没有想通过分析把意识消除掉；他的目标在于减少意识在心-物问题上的重要性。但是在他的学说中占有中心地位的意象、情感和感觉仍然顽强地表现为**意识**现象，而构成大部分物质的可感觉的东西(从定义看经常是未被感觉到的)则不是这样。罗素承认这一点，但却力图确定一种不借助这些事实的区别标准，即以属于不同因果领域的成员关系作为一种区别标准。但是这种区别还很有争议(并且即使存在的话往往也很难看出)，而用意识作为区别却十分清楚明白。

与此相关，在讲述知识时不能不谈到标出意识特征的意向性；不讲到它就无法解释记忆和知觉。罗素后来承认了这一点，在《我的哲学发展》一书中还以此为理由说明他为什么在后期著作中重新回到知觉和知识问题上来。

罗素后来也终于放弃了这一思想(从一个被认为既是**中性**

的又是**一元论的**学说的观点看是极其令人不满意的），即认为意象和情感基本上是精神现象的看法，也就是说不能完全还原为中性素材；因为他在一篇很晚发表的文章中说："一个事件并非由于内在的性质而只是靠其因果关系才成为精神的或物质的。一个事件完全可能既有表示物理学特征的因果关系，又有表示心理学特征的因果关系。在这种情况下，该事件既是精神的同时又是物质的。"（《记忆中的肖像》，1958年，第152页）为了前后的一贯性，这本来是他早该在《心的分析》一书中提出的，而在该书中却只有感觉具有这种特征。但是这种观点本身又产生了另外的问题，那就是它与罗素在《心的分析》之后又重新回到的一种观点（即认为知觉结果的原因是从知觉结果本身的出现推论而来的）处于一种不稳固的紧张状态。正如前面所指出的，罗素在把物质的东西当作可感觉的东西的逻辑结构，与把它们当作推论出来的知觉的原因的实体这两种看法之间摇摆不定；他在《哲学问题》中主张后一种看法，在《心的分析》之后又回到了这个立场。但是从表面上看，人们还是想要在其形而上学与认识论之间保持一种微妙的关联，目的在于既认为精神与物质属于同一种素材，又认为物质是精神状态的由推论得出的未知的外界原因。所以在《心的分析》的遗产当中，那些仍然保留在他后期思想中的部分给他后期关于物质的看法带来了相当大的困难。

实在论与知觉

罗素对于物质的东西的看法重新回到一种实在论的、通过推论引出的观点，其中一个主要原因是未感觉到的感觉材料或照后来说法被称为知觉结果的概念本身带来的困难。正如上面所指出的，这个概念是使用分析技术用逻辑构造来代替推论出来的实体的。如果物质的东西能够从现实的或可能有的感觉材料通过逻辑方法构造出来，那就同时实现了两种要求：一是将该学说建立在经验的基础之上，二是由推论得出的实体也被奥卡姆剃刀所削掉。但是未感觉到的感觉材料（或未知觉到的知觉结果）这个概念至少是成问题的，如果不是真正自相矛盾的话。这一点是很明显的而且早已有人指出过。谈论感觉的**可能性**的存在——尽管如不做出认真解释，这在形而上学上讲是成问题的——是有意义的；但是谈论**可能的感觉**的存在却不令人感到言之成理（注意罗素对于可感觉到的东西所下的定义：它是具有"与感觉材料同样的形而上学和物质地位的实体而不必作为任何心灵的感觉材料"）。如果在推论出来的物质个体与存在而未知觉到的非现实的知觉之间进行选择的话，看来最好还是采纳前者。实际上这正是罗素后来的想法；未感觉到的感觉也就被抛弃了。但是他并未回到他在《哲学问题》中所采取的较粗糙的推论出来的实在论，而是心中已经有了某种更精细的却并不更成功的想法，正如已经简要说明的那样。

罗素重新回到实在论的另一个理由是，他认识到因果性概念对于现象论来说是成问题的。世界上的事物看来是通过因果关系而相互影响的，其方式很难只靠记录感官经验得到适当的说明。另外，一个关于知觉的因果学说是说明经验自身如何产生的一种自然而有力的方法。在罗素成熟的科学哲学（见于《物的分析》和1948年出版的《人类的知识》）中，他并没有选用洛克的看法，即认为我们的知觉结果类似于其起因来源（即所谓“图像原本”说），因为我们不能直接亲知事物，由此也就不能期望认识事物的属性和关系。他现在转而争辩说，世界与我们的知觉中的变化是相互关联或共同变化的，至少是就我们的知觉器官能够记录下世界上的事物的秩序而言（举例来说，我们知觉不到桌子上密集的电子，所以在这个层次上不存在世界与知觉之间相互关联的共同变化）。知觉结果与事物之间的对应关系只是在适当层次上的一种结构上的对应关系。“我们从知觉推论出来的东西只有结构才是正确有效的；而结构正是能够用数理逻辑表述的东西。”（《物的分析》，第254页）而这就表示除了物理学所描述的物质世界的数学性质之外，我们必须抱着“存疑”的态度（《物的分析》，第270页）。

罗素已经认识到在形而上学意义上构成世界的最基本的东西最好还是选用“事件”。物体是通过下列方式由“事件”构造而成的：世界是事件的集合，大多数事件都集聚在许多“中心”的周围，从而构成个别的“物体”。每一个事件簇都辐射出事件“链”，与来自其他中心的事件链（其中包括知觉者）产生相互作用和反作用。当一个事件链与构成知觉者的知觉器官的事件相互作用时，这个事件链中最后一个环节便是知觉结果。因为每个事物最终都由事件构成，这些事件事实上就是精神的东西和物质的东西赖以构成的“中性素材”。精神是由“精神的”关系连接起来的事件簇，其中比较重要的就是记忆；不然精神与物质就失去了形而上学的区别。最后，事件链之间的相互关系就是科学的因果律所描述的东西。

这种看法使得罗素能够表述他长期以来就想提出的满意论点，即认为知觉结果乃是属于事物的一部分。因为按照这种看法，事实上并没有构成事物的事件以及除此之外作为对于这些事件的知觉的其他事件；而是只有构成物体的事件，其中有些就是知觉结果——这些知觉结果乃是在事件链中作为终点的事件，它们来自与构成知觉者的事件相互作用的物体。

这个学说是推论性质的，这并不是照先前的意思来讲的。根据先前的想法，知觉结果的原因，由于隔着一层知觉的面纱而不可把握，所以是从知觉结果本身的性质猜想出来的。还不如说这种推论是从作为终点的事件即知觉结果——这些知觉结果就是（用启发式的方法来讲）"精神的"事件与事件世界其他部分中可以与之起相互作用的结构层次之间所产生的上述作用——推论出构成了整个世界的事件簇和事件链。

在《物的分析》一书中，这个学说的核心思想是：关于世界的知识完全是结构性质的。我们认识知觉结果的结构及其属性和关系，但是我们只认识外界事件的结构，而不认识其各种属性。这似乎让人想到了洛克的第一属性与第二属性的区别，但并不相同；罗素是说我们从知觉结果推论出来的只是事物的属性和关系的结构，而不是其属性和关系本身；而这就是知识的限度。

这个学说有一个致命的缺点，数学家M.H.A.纽曼很快就察觉到并在《物的分析》出版后不久发表的一篇文章中对之做出评述。这个缺点是：由于我们关于事件的结构的知识并不只是由我们规定的结果，而显然并非空无内容的重言式，所以我们的推论知识就不能只限于结构问题。这是因为——用一个粗略的类比——许多不同的世界都可以被抽象地定义为具有相同的结构，而假如这样，那么只凭关于其结构的知识就不能将其分离出来，特别是不能使“现实的”世界个体化。如果科学真正是通过对世界进行观察和实验得出的发现所构成，那么我们观察到的东西与推论出来的东西之间的区别就不能降低为纯结构与属性之间的区别。

罗素给纽曼写了一封颇能显出自己宽大气量的信，说他接受这个论点：“我所提出的认为我们关于物质世界除了其结构之外一无所知的说法不是错误的便是空无内容的，你已经讲得十分明白，我很惭愧自己没有看出这一点。”

人们现在都已知道，贯穿罗素早期与后期观点的主线是他力图协调科学与知觉的愿望，特别是他想达到将科学建立在知觉的相对确实性之上，从而使其具备坚实基础的目标。他看到在任何这类努力中主要问题都是保证从知觉稳步过渡到物理学说中的物体。按照他的看法，这种过渡步骤要么必须是推论性质的，靠它从不可改变的感觉材料过渡到某种另外的东西，要么就是分析性质的，即靠一种从知觉结果构造出物质实体的过程来完成。按照刚刚说过的后一种观点，这种推论具有一种为比较常用的推论所没有的特别优点，即推论不是从一类事物到另一类事物，而是从某种事物的一部分到其另外的部分进行的。

照罗素的早期观点看，他把首要的实在性赋予感觉材料，并从中构建其他一切事物。照他的后期观点看，实在性则属于作为终极实体的事件，还引进了一个侧重点上的重大改变：知觉结果仍然是直接的和极其确实的东西，但是它们不被看作必须精确反映物质世界的东西。这个物质世界照理解它的最有力的方法即科学所提供的图式与它显示的样子无论如何也是大不相同的。

推论与科学

然而关键仍然在从知觉推论到世界是否稳固可靠这个人所共知的主要问题上。罗素在《人类的知识》一书中的目标大部分都是为这些推论的可靠性提供理由根据。在他有关知觉与科学的关系的思想中，他一直确信人们必须先天地认识到某种东西才可能有科学知识。正如已指出的，早先他认为纯逻辑原则提供了这类知识。但是现在他看到只靠逻辑是不够的；我们还必须知道某种更重要的东西。他的解决办法是说从知觉推论到事件全靠一些先天的“公设”作为其合理根据，然而这些公设却陈述了有关世界的一些可能发生的事实。这样讲来，罗素的观点立刻让人想到康德的一个论点即具有“综合先天知识”乃是一般知识成为可能的一个条件。罗素在《人类的知识》的序言中曾对这看法坚决予以驳斥。两者的区别来自罗素在其最后提出一种认识论的重大努力中感到最多只能希望得出一种带有尝试性和盖然性的说法。

罗素在《人类的知识》中采用的方法有两个特点可以说明这一结果。一个特点是他现在认为知识应该用“自然主义的”讲法来理解，也就是说把知识当作我们生物环境中的一个特点，同世界构成的方式结合在一起来看待。另一个特点则是他已经充分认识到这一事实：知识的基本材料绝不是确实的，最多也不过在某种程度上是可信的。这第二个论点在详细阐明《人类的知识》的观点上起了重要的作用。而凡是在罗素需要维护《人类的知识》为科学知识所提供的合理根据时，就都有第一个论点出现。

当感觉材料不是靠与其他感觉材料的关系而具有一定程度的可信性时，罗素说这些材料具有“内在的”可信度。具有某种内在可信性的命题支持由其推论出来的命题。这样一来主要问题就成为：具有某种程度的内在可信性的命题怎样将其可信性传送给科学的假说？问题的另一种提法是：观察和实验的记录怎样起到证据的作用？罗素的公设就是为了解答这些问题而提出的。

共有五个公设。第一个公设即准永久性公设，旨在代替通常的持续存在的概念：“已知任何一个事件A，经常发生的情况是：在任何一个相邻的时间，在某个相邻的地点有一个与A非常类似的事件。”这样一来常识中的事物就被分析为由类似事件组成的系列。这种思想最早来自休谟关于事物的“等同性”的分析，即我们总是愿意把一系列类似的知觉当作一件单一事物存在的证据，比如说你每次走进花园都知觉到一株玫瑰，因而就认为在那里有一株继续存在的玫瑰，即使在没有人知觉到它的时候。

第二个公设即“可以彼此分开的因果线的公设”，讲的是“通常可能形成这样一系列事件，从这个系列中一个或两个分子可以推论出所有其他分子的某种情况”。例如我们可以跟踪一场台球中一个台球的位置；常识认为台球是一件改变位置的单一的东西，而按照这个公设的解释就可以把台球及其运动看作一系列事件，人们从其中某些事件可以推论出有关其他事件的信息。

第三个公设即“时空连续性公设”，旨在否认“超距作用”，要求在两个不相邻的事件之间有着因果关联时，一定存在着由中间环节构成的因果链。许多关于未观察到的推论都依靠这个公设。

第四个公设即“结构公设”，它说“当许多在结构上相似的复合事件在相离不远的领域围绕一个中心分布时，通常出现这种情况：所有这些事件都属于以一个位于中心的具有相同结构的事件为其起源的因果线”。这个公设的目的在于肯定这一思想，即存在着一个为一切知觉者共有的由物质的东西构成的世界。如果六百万人都听首相的广播演说，在核对笔记时发现他们听到了非常相似的内容，那么他们就有理由认为这是属于常识性的道理，即他们都听到了同一个人通过无线电波的讲话。

第五个也是最后的公设是“类推的公设”。这个公设说“如果已知A和B两类事件，并且已知每当A和B都被观察到时，有理由相信A产生B，那么如果在一个已知实例中观察到A，但却没有方法观察到B是否出现，B的出现就具有盖然性；如果观察到B，但却不能观察到A是否出现，情况也是一样”。这个公设本身就令人信服（《人类的知识》，第506—512页）。

罗素说，这些公设的要旨在于为建立科学迈出的最初步骤提供合理根据。这些公设说出除了观察到的事实之外，我们还必须知道些什么，才能使科学推论正确有效。这样一来，得到合理根据支持的不是先进的科学，而是科学中本身就以常识经验为基础的更基本的部分。

但是“知道”在这里是什么意思？照罗素的看法，包含在“公设的知识”中的知道是一种“动物性的知道”，它来自与世界的相互作用所形成的习惯性信念。这与确实的知识相距甚远。罗素说：

> 由于世界是它现在这个样子，事实上某些事件有时是其他一些事件的证据；并且由于动物适应于它们的环境，那些事实上是其他事件证据的事件就易于引起对这些其他事件的预料。通过对这一过程的思考并使之进一步完善，我们就得出归纳推理的准则。如果这个世界具有我们大家都相信它有的某些特点，那么这些准则就是正确有效的。
>
> （《人类的知识》，第514—515页）

这些特点就是这些公设实际体现的常识事实，我们正是在这种意义上“知道”这些公设的。它们蕴含在我们做出的推论之中，而我们的推论大体上是成功的；所以这些公设在一种意义上可以看作具有自身证实的性质。

尽管罗素认为这些公设是我们先天地知道的东西，它们的地位却显然是奇特的。在一种意义上这些公设事实上是经验性质的，因为它们不是记录经验便是由经验所提示。赋予公设以先天地位的是将其**当作**不靠经验证实（除去实践中的间接证实）而**知道**的东西，而不是将其当作需要由这类合理根据来支持的概括性命题。实际上罗素选用了某些一般的不具必然性的信念，即一些在对世界的思考上特别有用的前提并将其提高到公设的地位。反过来说，公设的间接合理根据就在于它们或其应用的结果总的说来是有效的。结合罗素在《人类的知识》中为认识论定下的极为有限的目标——如今已不再是为知识追求最确实的基础，而只是说出一些为了使科学思想可以接受而必须采用的粗略原则——来看，这也许已经足够了。但是这个目标并未自称是对怀疑论做出回答，或是对非证明性推理做出严格的论述。

从以上这些话可以看出罗素在《人类的知识》中所持的论点为什么没有得到读者多大反应，这使他大为失望。他充分认识到，只有在我们确信有关证据和科学推论的准则得到正确使用下会提供关于世界的实实在在的不具必然性的知识时才值得去研究它们。但是罗素的论证最多只能说明我们的经验思维所依靠的普遍原则迄今为止大部分是成功的。但是这看来却正像罗素特别想避免的那种不牢固的归纳逻辑，他举的例子是一只小鸡由于一天又一天得到喂养而对世界感到越来越满意，直到有一天碰到了一个屠夫。实用主义性质的辩护理由是有限度的，设想有个人只靠祈祷来促使西红柿生长，每年收获若干个西红柿，另外有个人则对西红柿浇水上肥，每年收获的西红柿比前者多得多；然而第一个园丁也许仍然会把他收获一些西红柿当作为之进行祈祷的实用主义性质的辩护理由。所以迄今为止，我们的原则的成功并不能成为肯定它们是取得科学上成功的重要根据。

特别是我们不能保证不发生这种可能性，即使用这些公设会通过偶然发生或是某种系统的方式而导致谬误，被类似那位进行祈祷的园丁所代表的情况所掩盖。现在这种可能性确实由于罗素很少求助于认识论而得以存在。指责的原因一定是由于《人类的知识》中的论证实际上是承认了失败，如果放在认识论传统中去看的话。笛卡尔及其在现代哲学中的继承者提出了关于知识性质以及如何获得精确知识的问题，以便能够把某些研究——如炼金术、占星术和魔术等——与另外一些研究——如化学、天文学和医学等——区分开来。两者的区别不仅在于它们所提供的真正有用的应用数量上，而且在于它们告诉我们关于世界的某种真理上；进一步说，后一种事实说明了前一种事实，并且通过同一途径将两者的范围扩大。另外，我们的古代偏见和动物性信念也许可以在这个过程中受到质疑，正如实际发生的那样：因为科学描绘的世界与常识的世界是很不相同的。但是罗素在《人类的知识》中却说，应用的有效性和那些不曾改变的动物性习惯信念是我们唯一能够希望在认识论中获得的最后的合理根据。这同传统认识论力图达到的目标相距很远，也远远没有达到几十年前罗素本人在他最初开始从事认识论工作时所抱的希望。

第四章

政治与社会

引　言

罗素曾积极参与有关道德、政治、宗教、教育以及战争与和平问题的争论，为此写了大量著作。他并不认为它们是严格意义上的哲学著作。正如上一章所说，他把哲学当作一个专业学科，研究有关逻辑、知识和形而上学的抽象问题。在他看来，与此形成对比的上面那些争论则是属于情感和个人意见的范围，事实上涉及人生中的各种实际问题。他承认对于道德话语和政治话语可以进行形式意义上的分析，即对其逻辑形式而不是实质内容做出系统的研究，但是他感兴趣的却是些实际问题和具体问题，特别是在第一次世界大战爆发之后。

尽管如此，罗素在其某些著作中还是尝试过阐明伦理学基础的工作。他不曾想正式提出一种有创见的学说，而是满足于使用一些有意借自别人的看法，这些看法（在他认真关心实际问题之后）带有“后果论”的性质，即认为人和政府的行为必须看其后果来判断其道德价值。同时他的文章（算不上前后完全一贯）有时却又好像相信某些性格特征如勇气、大度和诚实等有其自身的道德价值。他在某些早期著作中也提出过一种与这些更不一贯的观点，即认为道德判断是主观态度经过乔装打扮后的表述。对罗素来说，他的主要问题是如何调和两种互相冲突的东西：一方面是忠于人们深信不疑和热情拥护的道德信念，另一方面则是道德判断明显缺乏理由根据。由于他对能否有一种伦理知识抱有怀疑态度，这种调和变得更加困难。

讲明罗素在伦理学领域的贡献也许最好是说他是个道德家而不是道德哲学家。同他以前的亚里士多德一样，他也认为伦理与政治是相连续的；在认为战争邪恶的伦理判断与争取和平政治要求之间并没有性质上的区别。因此，罗素关于道德、政治和社会的思想是互相连贯的，这就说明他在讨论这些问题最深入的一本书《从伦理与政治看人类社会》中为什么把它们放在一起来研究的道理。

在政治上罗素终其一生是个激进派，从个人小"我"来看，也是个自由主义者。第一次世界大战后，他成了工党党员，在两次选举中当过候选人；他在1960年代撕毁了党员证，因为他憎根哈罗德·威尔逊支持美国在越南进行战争。但他从来不是照旧的意义来理解的社会主义者，因为在1890年代他为了写第一本书《德国社会民主》（"社会民主"当时就指马克思主义）而去德国研究马克思主义时并未被其说服。他从气质上就反对当时人们所理解的社会主义的中央集权倾向——这实际上是社会主义（或所谓的"社会主义"）在苏维埃世界中唯一得到充分实现的方面——所以他更倾向于行会社会主义，后者是一种非常松散的合

WHY DIDN'T MR. CHAPLIN

MIND THE BABY?

when he was President of the Local Government Board from 1895 to 1900.

Overcrowding and Bad Sanitary Conditions caused the

Unnecessary Sacrifice

of

40,000 Infant Lives Every Year!

What did he do for the Protection of Children and the Reduction of Infant Mortality?

If Women had Parliamentary Votes

they would try to alter the

Bad Land Laws

which cause these bad housing conditions and result in such wicked waste of life.

But Mr. Chaplin wants to make the Baby's Food and Clothing Dearer,

and this will only

MAKE MATTERS WORSE.

Therefore

VOTE for RUSSELL

and

And Give Women Votes to Protect the Children.

Printed and Published by A. E. HOLLEY (T.U.), 110, Haydon's Road, Wimbledon

图8　在1907年温布尔登的补缺选举中，罗素作为议会候选人代表女性选举权参选（图中文字意为：查普林先生为何不在乎婴儿？ 1895年至1900年间他担任地方政府委员会主席期间，由于恶劣的卫生状况，每年有四万婴儿无辜丧生！他做了什么来保护儿童、减少婴儿死亡率呢？如果女性在议会中有投票权，她们就会尽力改变土地恶法，正是这些法律造成恶劣的居住条件，导致生命丧失的悲剧。查普林先生想让婴儿的食物和衣服更昂贵，这只会使情况更糟糕。所以，把票投给罗素吧，让女性有选票从而能保护孩子们）

作所有制和管理形式，人们可以在向往的理想条件下整合他们在社会、娱乐和劳动各方面的生活。

罗素最善于批评当代的道德和政治状况。他所提出的积极改进意见却往往显得缺少说服力，不是流于空想就是至少（考虑到他提出这些方案时的环境）在某种程度上不可能实行。但是作为批评家、鞭笞者和指责者，罗素与苏格拉底和伏尔泰属于同一类型的人。

任何人也不需要找寻理由或得到许可才参与关于社会大问题（政治、道德和教育等问题）的辩论。人们有理由认为作一个有见识的参与者是公民的责任。因此罗素从事这些方面的活动不需要任何辩解。但是我们有充分的理由认为他的贡献具有某种权威性。理由就是他做这项工作比许多人的条件都优越。这并不是因为他继承了辉格党参与政事的伟大传统，尽管这一点无疑也激发了他这方面的兴趣和参与政事的责任感。倒不如说是因为支持他的兴趣和责任感的四种无比宝贵的优点：非凡的智力、清晰的辩才、广博的历史知识和面对反对意见时表现的大无畏精神。这就使他成了一位令人生畏的辩论家。只是到了他一生快要结束的时候，当他周围的人以他的名义讲话和写文章的时候，他才显得语调刺耳和缺少判断力。

他的某些思想，比如说关于世界政府的信念，至今没有得到多少支持。其他思想则有助于改变西方世界的社会面貌，例如对婚姻和性道德的态度。在其他领域中——特别是宗教方面——罗素也解放了许多人的思想，但是根据他对人性的理解，在他看到迷信在今天比他那个时代还要盛行，看到“信仰是我以生命换取的，教条是我以杀人争取的”这个教条以加倍的猖狂又卷土重来的时候，他是不会感到惊讶的。

理论伦理学

罗素在他最早关于伦理学的思想中抱有浪漫主义的黑格尔主义观点，认为宇宙本身就是善的，是“理智的爱”的适当对象。他接受这个观点是受了麦克塔加特[①]的启发，但是这一观点不久就对他失去了的吸引力。罗素对伦理问题最早的认真研究见于他在1910年发表的论文《伦理学要义》，这篇文章表明他遵循G.E.摩尔在其《伦理学原理》中所倡导的学说。摩尔在该书中争辩说，善是一种不可定义的、不可分析的然而却是客观存在的性质，存在于事物、行为和人身上，是通过直接的道德直观行为知觉到的。摩尔抱有某种功利主义的观点，概括讲就是认为对于任何具体实例来讲，应做的正确行为是就该实例而言任何可以最大限度地抑恶扬善的行为。摩尔的观点在布卢姆斯伯利团体[②]成员中影响很大，特别表现在提倡下面这一富有吸引力的思想上：友谊和美的享受是伦理上的至善。（不怀好意的批评家说布卢姆斯伯利团体成员喜欢这个观点是因为好像与漂亮的朋友交往就可以省钱云云。）

涉及功利主义观点的各种困难很快便显现出来。困难之一

① 麦克塔加特（1866—1925），英国观念论哲学家。

② 指20世纪初在伦敦布卢姆斯伯利地区经常聚会的一些英国文人和艺术家。

是人们不能完全知道这样而不是那样行事将带来什么后果，所以我们也许在无意中由于思想糊涂或直观错误而造成不良的后果。罗素按照他所理解的摩尔观点承认这一点，但是他争辩说，当我们已经深思熟虑并使用一切知识做了最大努力时，我们的行为便是正确的。然而说善是客观的主张则是另一回事，罗素对它不能长期感到满意，因为严格说来它也许不能被驳倒，但也不能证明其正确，最明显的例子是遇到某人完全不同意另一个人讲他在如此这般的行为或情境面前直观到善的存在的场合。

这一困难使得罗素采取了他在《哲学大纲》(1927)中所表述的观点，即认为道德判断不是客观的(即没有真伪)而是经过乔装打扮的命令句、祈愿句或态度的表述。一个命令句表示一个命令，例如“不得说谎”；一个祈愿句表示一个选择或意愿，例如人们选择一种事物而不是另一种事物，在伦理范围内就有可用“但愿没有人说假话”来表述的例子；而“我不赞成说谎”则是关于说话者对待说谎的态度的表述。命令句或祈愿句显然不具备真值。虽然在态度的表述上情况有所不同，这只是由于这些表述是关于态度的主人的相关心理事实的描述；在谈到说谎的道德价值时并没有涉及真伪，而只是谈到说话者对说谎的看法。

同摩尔的客观主义相对比，这种立场也许可以叫作“主观主义”。他面临同样严重的问题，其中重要的一个是它明显不能言之成理。例如让我们看一看对犹太人的大屠杀。如果认为人们判断大屠杀为邪恶的理由仅仅在于人们不赞成它，这就令人无法容忍。罗素很敏锐地察觉到这种困难，所以在他对这些问题做出的最后的和最详细的讨论（《从伦理与政治看人类社会》）中努力寻找一种介乎客观主义与主观主义之间的立场，兼有两者的优点而避免了各自的困难。

他在《从伦理与政治看人类社会》中争辩说，道德判断实际上是关于社会及其成员的福祉的判断。这类判断体现或表现出某一特定社会中相当广泛的共同感受，后者一般来讲涉及每个人的利益。这是一个可以根据对于世界的科学理解或者至少是合理理解来进行说理争辩的问题。这种认为道德上的两难困境可能得出合理解决的信念在罗素观察人类愚行时常有弃他而去的危险，但是他还是一直坚守着这种信念。

罗素说，伦理学的基本素材是情感和情绪。因此，伦理判断乃是我们的希望、恐惧、欲望或反感经过乔装打扮后的表现。事物满足了我们的欲望，我们便判断其为善。所以普遍的善（整个社会的善）就在于欲望得到全面的满足，而不管享用者是谁。同理，一部分社会的善在于该部分成员欲望的全面满足；而一个人的善则在于他的个人欲望的满足。在这个基础上，我们可以把“正确的行为”定义为：在任何特定情况下最有可能促进普遍的善（或者在只涉及个人的情况下就指促进个人的善）的行为；而这反过来又给了我们对道德义务的解释，也就是说存在着我们“应该”去做的事情；这实际上是说人们应该去做照这样理解的正确行为（《从伦理与政治看人类社会》，第25、51、60、72页）。

罗素当然认识到这种说法有各种困难，并对其中一些进行过讨论。举例说，把“善”定义为“欲望的满足”招来下面这种明显的反对意见：有些欲望是邪恶的，满足它们就更加邪恶。罗素以残暴为例做过考察。如果某个人愿意使别人遭受痛苦，难道这可能是善吗？如果他的愿望得以实现，难道这不是更糟吗？罗素说，他的定义并不意味着说这样一种事态好。首先，这表示受害者的欲望不能实现，因为受害者自然愿意避免受到作恶者加给他的痛苦。其次，整个社会一般不会愿意让其成员成为遭到残暴的受害者，所以在这方面社会的欲望也将不能实现。因此，由于残暴而不能实现的欲望将占到很大的比重，所以残暴是件坏事。

罗素的说法的另一个困难是：欲望可能互相冲突。他回答说，这对我们提出一个要求，即让我们选择那些最不容易相互对抗的欲望。罗素借用了莱布尼茨的一个专门术语，把欲望之间的融贯性称作它们的"共存性"。然后好的欲望和坏的欲望就可以分别定义为可以与最多的其他欲望和最少的其他欲望共存的欲望。

罗素用了一章的篇幅来讲像"残暴是错的"这一类判断是否只是乔装打扮过的主观态度的表达。如前面所说，这个问题很重要，让罗素深感不安。他的结论也许可以叫作他的"社会学的"解答（道德价值是一种社会共识的产物），这是他在考察过伦理学争论所提供的各种可能选择之后得出的。

问题可以这样来表述：通常的事实话语与道德话语之间的区别在于后者中出现"应该""善（好）"等字词及其同义词。这些字词是属于伦理学的"最小量词汇"即对任何有关伦理概念的理解都是不可定义的和基本的东西，还是说它们能用其他东西例如情感和情绪来定义？如果是后一种情况，那么所说的情感是属于

做出道德判断的个人，还是更广泛地指人类的欲望和情感？（《从伦理与政治看人类社会》，第110—111页）

在讨论这些问题时，罗素指出在我们考察某一特定情况下应该做什么所引发的道德上的分歧时，发现许多分歧来自对于不同行为的后果抱有不同的看法。这就表明道德判断依靠对于后果的估计，因此我们可以把“应该”定义为：应该做的行为是就该特定情况讲所有可做出的行为中最可能产生最大“自身价值”（这是罗素用来代替“善”的一个更为确切的说法）的行为。

“自身价值”是可定义的吗？罗素认为是可以的。他说：“考察一下那些我们认为有自身价值的事物，就会发现它们都是我们想要的或给人快乐的事物。很难相信在一个没有感知的宇宙中有什么事物具有自身价值。这就向我们提示‘自身价值’可以由欲望或愉悦或者两者来定义”（《从伦理与政治看人类社会》，第113页）。由于欲望之间有冲突，所以并非所有欲望都有其“自身价值”，罗素因此将这个概念更精确地理解为“精神状态”的一种属性，为经验过这种状态的人所向往。

在经过这种修正之后，罗素对自己的观点作了下面的总结。一般来说，我们赞成或者不赞成某些行为全看我们认为这些行为可能产生什么后果。我们对赞成的行为的后果说“好”，对不赞成的行为的后果就说“坏”。我们把行为本身分别称作“对的”或“错的”行为。在一定环境下只要是对的行为都是我们“应该”做的，也就是说只要是产生最大的善的行为都是“应该”做的。

在这些论点中最有分量的是第一个论点。如果道德评价是一个人们赞成或不赞成的问题，难道我们不是陷进了主观主义的困境，使得我们对于诸如种族主义、不宽容、残暴等等错误不能根据合理的理由来表明态度？罗素的回答是，事实上人们在所追求的事物上有着广泛的一致意见。他同意亨利·西奇威克[①]的意见，即认为人们普遍赞成的行为乃是那些产生最大幸福或快乐的行为。如果这包括理智的和审美的兴趣的满足（“如果我们真认为猪比人幸福，我们不应因此而欢迎西尔斯[②]的服侍”；某些快乐**本身**就比其他快乐好），那么我们就可以逃避主观主义；因为这个观点向我们提供了关于应该做什么的陈述句，后者并非经过乔装打扮的祈愿句或命令句，从而具有真值；但这些陈述句仍然建立在关于我们的感情以及欲望的满足的事实之上。关于我们的感情的事实是“对”和“错”的定义的基础；而关于欲望的满足的事实则是“自身价值”的定义的基础。所以罗素自称已经在客观主义与主观主义之间明确表述了一种中间立场，这种立场同时还十分明显地具有实际的说服力，不仅对于在道德争论中普遍有争议的个人行为，而且对于社会习俗、法律和政府政策也都提供了一种评价方法。

尽管罗素对这个观点抱着乐观的态度，它仍然有一些困难。实际上它是说评价的基础在于对欲望的共识。但这却意味着如果某一社会中大多数人比如说厌恶同性恋，那么同性恋就会被认为是坏事，而在一个比较宽容的、民意不同的社会，同性恋便不是

① 亨利·西奇威克（1838—1900），19世纪英国著名道德哲学家。

② 荷马史诗《奥德赛》中的女妖，曾将奥德修斯的随行伙伴变为猪身。

坏事了。这种程度的道德相对论言之成理吗？这个困难涉及另一个困难，即衡量一件事后果的价值要看其满足多少欲望，对犹太人的大屠杀的邪恶程度是受害者以及世界大多数人的欲望遭受挫折远远超过纳粹欲望满足的程度的函数，这大多数人也许不愿让种族灭绝成为习以为常的事情（也许是当他们成为受害者的时候）。罗素本人感觉有某种更为有力的东西支持着我们面对大屠杀所感受的道德震撼，但是他的原则并未对此做出说明。

稍稍熟悉伦理学争论的人都会看到罗素在这一领域中努力取得的成就是零散的。甚至《从伦理与政治看人类社会》一书中的讨论也是规劝性质多于哲学性质的。该书根据一些心理学的概括，不过是做出一种追求严格性的姿态；其目的是让我们接受一种实用的做出伦理评价的方法，而不是为伦理学奠定理论的基础。如已指出的那样，部分理由是罗素不相信在伦理学的讨论中可以使用严格的标准；《从伦理与政治看人类社会》中有关伦理学的篇章原本想作为《人类的知识》的续篇，但他因不满意而未公之于世，只是等到最后确定已不能使其包含的论证更加系统化之后，才补充了讲政治问题的篇章而予以发表。但是他并不后悔；他在伦理学上的主要目的，同他讨论社会问题一样，说到底是一种论战的性质。他希望影响人的生活方式，为了这个目的他的努力主要限于倡导和说服的工作。

实用道德

罗素获得诺贝尔奖是由于他在文学上的成就，所举的书则是

《婚姻与道德》。罗素写了很多文章谈论实际的道德问题，其中最好的一些文章是他投给报纸的几十篇短文，其中由美国赫斯特新闻出版社在1930年代初期发表的占有重要的地位。在这些短文（字数总是750，符合报纸为专栏留出的篇幅要求）中，罗素给人的印象是观察敏锐、容忍大度、待人宽厚、判断明智——在很多问题上不仅大大走在他那个时代甚至也走在我们这个时代的前头。

我们且举他的一篇文章《论变通》为例。他说，我们把变通与诚实放进不同的范畴，但这却要付出一定的代价。

> 我有时从公园里游玩的孩子们身边走过，听到他们说："妈妈，那个怪老头儿是谁？"声音又高又清楚。得到的回答却是："嘘！别作声！"声音很低，像是吃了一惊。孩子们隐隐约约觉察到自己做错了事，但是一点也想象不出错在哪里。孩子们偶尔都会收到自己并不喜欢的礼物，父母却教育他们必须装得喜欢。因为父母又告诉他们不应该说谎，这就造成道德上的混乱。
>
> [《论变通》，收进《凡人与其他》(阿伦与恩温出版公司，1975年)第1卷，第158页]

这就是一种让人学会变通的教育。罗素说，变通无疑是一种美德，但是它与伪善之间的界线却很单薄。区别只是在动机上。如果遇到直率便会让人不快的情境，促使我们让人高兴的动机来自善意，那么变通便是适宜的；如果动机是害怕冒犯别人或是想通过谄媚取得好处，那么这种变通便不那么令人惬意。非常诚实的人不喜欢变通；当贝多芬在魏玛走访歌德时，他惊讶地看到歌德很客气地对待一群愚昧的廷臣。永远诚实、从不说谎的人一般都得到大家的赏识，但罗素说这是由于真正诚实与嫉妒、恶意和心胸狭窄无缘。“这类恶习我们大多数人都沾一点，所以必须实行变通以避免冒犯别人，我们不能都是圣徒，而如果不可能做圣徒，那么至少可以努力做到不要让自己太讨人厌。”

图9　罗素于1950年获诺贝尔奖，图为他从瑞典国王手中受奖

这些话也许并不太重要，但却很有见地，提出的论点值得我们考虑。罗素讲社会问题的报刊文章总是有这些特点：可供欣赏、有趣味并且发人深思。

《婚姻与道德》讨论的是些更大和更迫切的问题。本书集中探讨性与家庭生活。按照罗素的观点，性道德有两个主要来源：男人愿意确信他们是妻子所生孩子的父亲，还有性是有罪的这一由宗教灌输的信念。罗素总是愿意从当代科学中获得启发，在这个方面他从生物学中找寻可以说明习俗起源的理由。这促使他认为人类早期的性道德的生物学目的在于保证双亲对每个孩子进行保护，这是罗素非常赞成的一个好动机。他说，许多压力威胁着现代家庭生活，对此应该加以抗拒。孩子需要双亲的慈爱；另外的选择则是照柏拉图所希望的，把教养孩子部分或全部交给国家去管，而这却是不可取的。如果孩子由国家教养，其结果会使他们过分一律，也许还会过分无情；这样教养出来的孩子会成为政治宣传家和煽动家的良好招募对象。

但是仅就个人性道德而言，罗素认为现代人在言论和行为上表现出更多的自由倾向是件好事。更加自由地发表意见是由于传统道德（特别是宗教道德）约束的放松；更为自由的行为由于避孕方法的改进而成为可能，后者使得女人与男人可以同样控制其性生活。

按照罗素的意见，性是有罪的这一主张给人造成了不可估量的伤害。这种伤害开始于童年时期，一直延续到成年之后，表现为各种压抑及由此造成的心理压力。由于压制性冲动，传统道德也败坏了其他各种友好感情，使得人们不再表现出慷慨和善良，而更偏向专断和残酷。当然性必须受一种道德准则的约束，正如生意和游戏一样，但是这种道德准则不应根据“由生活在一个与我们完全不同的社会中未受过教育的人所提出的古代禁律”。罗素在这里指的是很久以前教会神父所主张的教义。“正如在经济和政治上那样，在性这一方面我们的道德准则仍然受一些恐惧的支配，而这些恐惧早已被现代的发现证明没有道理。”（《婚姻与道德》，第196—197页）

一种以反对传统清教徒教义为前提的新道德必须建立在那种认为应该疏导而不是压制本能的信念之上。对两性生活抱有更加自由的态度并不意味着我们可以照本能行事，为所欲为。这是因为生活必须有其连贯性，我们最值得付出的某些努力所追求的都是长期的目标，而这就意味着推迟短期的满足。此外我们还必须考虑别人和“正直标准”。但是罗素争辩说，自制本身并不是目的，道德传统对于自制的需要应该降低到最小限度而不是升高到最大限度。如果从童年起本能就得到很好的引导，就可能实现第一种情况。传统的道德家认为由于性本能的强烈，所以在童年就必须严加克制，唯恐本能变得无法无天和粗俗不堪。但是健全的生活是不能建立在心神不安和禁律之上的。

因此，罗素认为性道德应该依据的一般原则要简单而且要少。首先，性关系应该“尽可能建立在男女之间的深挚、认真的爱情之上，这种爱情融进双方的整个人格并且导致一种结合，使每一方都从中得到丰富和扩展”。其次，有了孩子就应该使其在生理上和心理上得到充分的关照。这些原则中没有一条特别令人感到震惊，罗素讲这些话时带有一定程度的反讽意味，因为他意识到自己由于通奸、离婚、未婚同居以及对于向公众隐瞒所表现的满不在乎的态度而受到责骂，这些事在当时都是招来极大非议的。但是这些原则合在一起却表示对传统道德规范做出了某些重要的修改。

一种修改是允许某种程度的通常所说的“不忠”。如果一个人生来所受的教育不把性当作受到各种禁忌束缚的事，如果妒忌得不到道德家的赞许，那么人们就能以更为热情和大度的态度彼此相待。妒忌把夫妻投进相互建立的监牢之中，就好像一方有权支配另一方的人格和需要。“不应把不忠视为可怕的事情”，罗素写道，“坚信深挚而永久的爱具有超越一切的力量”是比妒忌牢固得多的纽带（《婚姻与道德》，第200—201页）。在另外的地方罗素争辩说，没有什么理由反对开放的婚姻（人们有时这样称呼这类安排），只要女人和恋人不生下要由她丈夫养育的孩子。他与多拉的婚姻之所以终结，部分就是由这个问题造成的。

罗素在《婚姻与道德》一书的结论部分说，他所提出的学说尽管有这些关于忠贞的议论，却并不是主张放纵；实际上这种学说同传统道德几乎要求一样多的自制，重大的区别在于自制主要是不去干涉别人的自由，而不是用来限制自己的自由。罗素写道：“我认为可以抱这样的希望，即如果从开始就受到正确的教育，那么就比较容易养成这种对别人人格和自由的尊重；但是对于我们当中那些由于所受的教育而认为我们有权以道德的名义否决别人行为的人来说，不行使这种令人惬意的迫害却无疑是困难的。”幸福的婚姻存在于相互尊重和深挚感情之中。有了这些，男女之间的真正爱情就是“整个人生中最富有成果的经验”；而这正是一切关于婚姻与道德的思考所应努力促成的（《婚姻与道德》，第202—203页）。

当时许多人都对罗素的观点表示出很大的震惊。《婚姻与道德》一书使罗素在1940年失去了他在纽约的工作（尽管如已指出的那样，十年后这本书使他获得了诺贝尔奖，这也说明生活是多么不可预测），加上传说他喜欢女性陪伴，所以许多人说他是个好色之徒。但是关于这些观点有两点值得指出。一是这些观点所表现的见识显得镇定而宽容。二是它们并非从天而降；事实上这表现出1920年代和1930年代左翼知识分子先锋派共同抱有的一种态度，对他们来说自由恋爱和反对性妒忌已经是不成文的原则了。罗素具备必要的勇气和清晰的逻辑说服力来表达这些思想，希望把新鲜空气送进生活中最需要它的地方。尽管在过了一个世纪之后，人们的态度和实践都发生了革命（其所以可能一部分原因也是由于罗素的倡导），作为对抗反动的特效药，他的论证仍然值得我们去读。

在罗素关于人际关系的看法中有三个题目经常出现。一个是宗教有害，另一个是需要良好的教育，第三个是个人自由。每一个题目都是罗素社会思想中长期探讨的话题，他都给予了充分的注意。我将逐一加以考察。

宗　教

当人们得知罗素并不是个无神论者时会大吃一惊。相反，他是个存疑论者。前后一贯的立场要求他承认也许有存在着神的**可能**，但是他认为这类事物存在的可能性非常小，而且如果有这类事物（特别是像基督教正统的上帝）的话，人们在道德上对世界的憎恶甚至会比现在还要强烈，因为这样我们就得要么承认一个万能的上帝允许世界上存在自然界的和道德上的邪恶，要么承认这就是上帝的意愿（“自然界的邪恶”指疾病以及诸如地震、台风等天灾）。按照罗素的看法，走访一所儿童医院的病房就足以让人觉察到不可能有神，如果有也是个凶恶的妖怪。

人所共知，有人问罗素在他临死时如果发现上帝竟然存在，他又该怎么办？他回答说，他会责备上帝不提供关于他存在的充分证据。有人又问他怎样看待“帕斯卡的赌注”。这种观点是说我们应该相信上帝存在，即使有关其存在的证据微乎其微，因为这样做的好处远比上帝不存在带来的坏处要大。罗素回答说，如果上帝存在，他也会赞成那些不相信上帝存在的人，因为他们动脑筋看出：让人相信上帝存在的证据并不充足。

罗素通常使用的方法是：除非有正当理由，否则就不承认一个命题。自然神学（“自然神学”是指关于神的概念的讨论，不涉及在圣经或神秘经验中出现的具体启示）中有关上帝存在这个命题的中心部分是大家熟知的各种“上帝存在的证明”所组成的集合。罗素在《我为什么不是基督徒》（1957年；最初作为讲演发表于1927年）中曾讨论过这些证明。

第一个是最初因的论证。这个论证说万物皆有原因，所以必然有一个最初因。但是罗素说这个论证前后并不一贯，因为如果万物都有原因，那么最初因又怎能没有原因？根据某些看法，上帝是以自己为原因的原因（在亚里士多德那里叫作原动者），但是要么这种观念前后不一贯，要么如果它指示某种可能有的事物，那么或者整个论证所依据的普遍因果关系原则（它似乎蕴涵着原因一定不同于其结果的道理）是错误的，或者如果原因可以是自身的原因，为什么只有一个这样的原因？

第二个论证是根据宇宙显示出图式而得到的结论：有图式就必有设计者。但是一则因为图式可以从演化中找到解释，并不需要涉及宇宙中另外的实体，而且与经验材料相符合；二则因为不管怎样也找不到显示世界**总**图式的证据，而事实（这符合热力学第二定律所说的世界实际上正在蜕变的说法）却让人想到相反的结论。

第三个论证说，必须有个神作为道德的根据。然而这是说不通的，因为正如罗素在别的地方简单扼要地争辩过的那样，"神学家总是教导人们说，上帝的天命是善的，而且这并不是同义反复：因此善在逻辑上并不依靠上帝的天命"（《从伦理与政治看人类社会》，第48页）。也许我们还可以进一步说，如果认为神的意志可以作为道德的根据，那么一个人按道德行事的理由就只是出于慎重，为的是免受惩罚。但这显然不是令人满意的支持道德生活的基础，而无论如何在任何论证中威胁也不能作为**逻辑上**有力的前提。

康德用过的一个相关的论证是：必须有一个上帝来奖赏善行并惩罚邪恶，因为从经验得知在现世生活中显然并非总是甚至并非常常是善有善报。然而罗素说这就像是在讲因为柳条筐上层的所有橘子都腐烂了，所以靠下面的橘子一定是好的；这是荒谬的。

许多反对宗教的人虽然痛斥宗教在世界上煽起了迫害与不和，却仍觉得耶稣基督是个有魅力的人物。罗素并不这样想。他觉得耶稣不如佛那样温和、仁慈，而在智力和品格上又远远不及苏格拉底。他的某些行为令人不快，比如说他毁了那棵无花果树——它不能结果是由于过了季节，以及威胁说要用永世的苦难来惩治不信奉他的人。罗素指出，许多世纪以来，只要符合教会的利益，教会就促使人们按字面的意思去相信这些带血腥气味的警告。但是在一个比较合乎人道的时代，当批评家指出这些话多么可憎的时候，教会却改口说它们只应该按照比喻的意思去理解。

但是罗素的攻击火力主要是对准作为一种**有组织的**现象的基督教。他痛恨迷信（“罗马天主教会说神父能通过对一块面包讲拉丁文就将它变成基督的身体和血液”）及其完全不合逻辑的性质（“我们被教导说星期六不要去工作，而新教徒则把它理解为星期日不要玩耍”）。按照罗素的观点，基督教与其他宗教的不同就在于它喜好迫害。基督徒们折磨并杀害异教徒、犹太人、自由思想家，还互相残杀；他们淹死、烧死并用其他方法谋害成千上万的无辜妇女，说她们行使巫术；基督教还用其关于罪和性的荒谬教义来摧残亿万人的生命。

罗素在反对宗教的战争中使用的武器主要是嘲笑和鄙视。他比他的对手们更熟悉《圣经》，能摘引适当的句子搞得他们不知所措，例如他在讨论宗教与科学的相对优点时说："《圣经》告诉我们野兔反刍"，这就让原教旨主义者在面对动物学时感到不好办。宗教与科学之间的不同确实是再明显不过了。宗教讲的是绝对的和无可争论的永恒真理；科学则比较小心谨慎并带有尝试性。宗教给思想加上限制，禁止进行与教会信条相冲突的探讨；科学则抱着虚心的态度（《宗教与科学》，第14—16页）。这些都是生动有力的对比。在科学理性面前，宗教最好不再顽固坚持原教旨主义的立场，而要用寓言的方式解释经文，并把宗教真理高于人类理解的主张隐藏不用。

但是尽管罗素对宗教抱有敌意，他本人倒是个有着宗教般虔诚态度的人。这是一个表面上的悖论。一个人可能以宗教态度对待生活而不相信有超自然的存在物和现象。这样一种态度就是欣赏艺术、爱情和知识的态度，它给人类的精神提供营养，并且使人在世界和他所爱的人面前有一种敬畏之感，同时还感受到有一个包括自身在内的无限广阔的天地。罗素在《一个自由人的崇拜》这篇文体过分华丽的有名文章中所表现的正是这种心灵境界（这篇文章是在他第一次婚姻失败和随之而来的人生观改变的影响之下写成的）。然而文章还是带有悲观的保留态度：

当事实与理想之间的对立开始充分显露出来之后，为了维护自由，看来就必须有一种激烈反抗和强烈憎恨神祇的精神。用普罗米修斯那样的刚毅不屈来面对一个怀有敌意的宇宙，永远注视并永远自发地憎恨其中的邪恶，承受由权力的恶意所制造出来的一切痛苦，看来是所有不肯在命运面前弯腰的人的责任。但是愤怒仍然是一种枷锁，因为它强迫我们的思想专注在一个邪恶的世界上；而在强烈激起反叛的愿望中有一种智者必须克服的蛮横专断。愤怒使我们放弃思想而不是欲望；斯多葛派所说的体现智慧的自由是放弃我们的欲望而不是思想。放弃欲望让我们与世无争；思想自由创造出整个艺术和哲学的世界，创造出美的境界，凭此我们终于重新征服了半个不服从我们意志的世界。

（《一个自由人的崇拜》，1903年，后收进《神秘主义与逻辑》）

正如这段文字所表明的，罗素对于超然境界（即斯宾诺莎所追求的使人获得自由的梦想：对万物有一种完全透彻、冷静和全面的理解）的渴望总是忘不了世上有人遭受苦难的严酷事实。他在其《自传》的前言中写道："爱和知识，只要可能存在，便是通向天国的途径。但是怜悯总会把我带回到现世上来。"因此可以说，罗素以存疑的态度渴望天国，并努力找寻使人类到达天国的途径。

教　育

罗素希望，在这些途径中主要是依靠教育；在他看来，这是一个人们应该怎样准备去生活的问题。他并未特别关注设立学校和大学以及师资训练的行政细节，像韦布夫妇[①]也许可以做到的那样，而是谈论教育要达到的可以称之为精神上的（仍是就其世俗意义而言）目标。他写道：教育的目的是培育品格，而最好的品格是具有“最大限度的”活力、勇气、机敏和明智。这就是他在1926年出版的《论教育》一书中所发表的意见，一年以后他就和多拉创办了毕肯希尔学校。这本书主要讲童年早期教育，罗素在自传中承认“他的心理学过分乐观”，他所建议的方法在某些方面也“过分严厉”。比如说他从蒙特索里[②]教育原则搬来的那种看法，即认为如果一个孩子的行为不好，就应该把他隔离开，直到学好为止。罗素后来认识到这是一种残酷的纪律处分。

然而《论教育》还是包含了一些正确的建议。罗素争辩说，从最小年龄开始，婴儿就应过有规律的日常生活，并且要给予他们尽可能多的学习机会，但是父母应该掩盖自己的焦虑，以免“通过感染而传给孩子”。这个主张反映出罗素的一种信念，即认为由于在其他高级哺乳动物中焦虑并不属于本能，所以儿童出现焦虑必然是从成年人那里学来的。同时罗素还告诉读者不要为了尽父母的责任而牺牲自己，而是要在他们自己的兴趣与孩子的兴趣之间保持适当的平衡。

罗素相信知识本身既使人思想自由又保证人不受恐惧的危害。对于外界事物的浓厚兴趣（这也是他的《幸福之路》一书中

① 韦布夫妇（西德尼·韦布，1859—1947；比阿特丽斯·韦布，1858—1943），二人均为英国经济学家和社会改革家。

② 蒙特索里（1870—1952），意大利女教育家。

的一个主题）是对于过一种有勇气的快乐生活的强有力帮助。罗素也告诉人怎样提倡诚实与大度：不是依靠惩罚说谎与不宽容（因为表面上看来似乎是说谎的行为实际上也许是出自我们的想象），而是依靠鼓励诚实与大度实际体现的积极品质。他后来承认，正是在这一方面，也许他对幼童心理抱有过分乐观的态度。他当小学教师的经验很快就让他知道，儿童们有做坏事的能力，而如果做坏事不受到惩罚，那就会发展到可怕的地步，正如《蝇王》里讲的那样。

但是即使就这些早期观点而论，罗素也未曾主张放任原则，特别是关于学习。他相信培养自我约束和集中注意力的习惯从长期来看起着解放思想的作用；尽管他争辩说应该靠吸引儿童的注意力而不是靠强迫他们去完成作业，他并不反对必要时还得让他们刻苦学习。他说，儿童到五岁就应该学会读，并应及早开始学习两种语言。学生需要而且应该得到数学基本知识的训练。到了上小学的年龄就能够欣赏诗歌与戏剧，但是真正鉴赏文学则是以后的事。学习经典作品、历史和科学要更靠后一些；到了这个阶段，学生在学过这些科目之后，应该自己选择最感兴趣的学科继续钻研下去（《论教育》，第18—162页）。

这些有关课程的看法还是相当符合传统习惯的。不符合传统看法并因而在当时招来诽谤的是罗素关于性教育的说法。许多关于毕肯希尔学校的流言一下子传播开来；据一个很有代表性的故事讲，有位主教到门口碰见一个赤裸着身子的孩子，大喊了一声“上帝啊！”，那个赤身的孩子却回答说“没有上帝”。但是事实上罗素所争辩的只是不应让孩子们为自己的身体感到不安，所以应该在青春期到来之前就把性机能从容地告诉他们，因为及早开始性教育的一个有力理由是，孩子们由此将不会通过不适当的和过于兴奋的方式得到性知识。罗素同当时的一般医学意见有着惊人的一致之处，那就是怀疑手淫是否是件好事，所以至少在这个问题上人们显然不能指责他发表过什么危险意见。

五年以后，根据自己办学的第一手经验，罗素写了《教育和社会秩序》(1931)。他在书中仍然坚持他在《论教育》中所说的大部分意见，但是现在却将其称作“消极的”理论，承认需要加以补充。根据这个“消极的”理论，教育的任务在于提供机会和消除障碍，好让孩子们能够按照自己的方式去发展。罗素现在看到另外还应该让孩子们接受与人相处的积极教导。他在毕肯希尔由于看到一些恃强凌弱的事而感到震惊，认为这是成年人甚至整个国家的残暴行为的缩影。他对于人的本性中就有非理性和侵略性所抱的担忧由于这一经验而加深了，这使他为世界感到绝望，因为这也似乎表明国家主义和战争是人类境况中不可避免的事情。

罗素从来不过分夸大对教育的期望。但是尽管因实际的教学实验而感到幻灭，他还是保持着他所特有的自由信念，即对于一个更美好的世界的希望必须主要寄托在教育身上。罗素在他论述社会与政治问题的通俗著作中确实正是不知疲倦地在做这件事：以全世界为课堂进行教育。不管发生什么事情，他从来没有放弃这一希望：只要在儿童时期给予孩子正确的指导，就可以培养出有活力、勇敢、机敏和明智的人。

图10　罗素对毕肯希尔学校严重的校园恃强凌弱现象深感震惊。他视之为成人世界野蛮行为的缩影，认为它表明了国家主义和战争是人类境况不可避免的部分

政　治

罗素认为，我们要想了解政治，就必须了解权力。从历史上看，一切政治制度都扎根于权威；起初是一个部落或国王的权威，人们出于恐惧而顺从他；后来则服从王权制度，人们出于习俗而效忠它。有人认为文明社会产生于最初的“社会契约”：按照契约，个人放弃一部分自由以换取社会生活的利益——其中最重要的就是安全。罗素不同意这个看法。他说，假如真有最初的契约，那是在上层统治成员之间的“征服者的契约”，他们签署契约是为了巩固其地位和特权（《权力》，第190页）。

照罗素的观点看，历史表明君主制构成了最早形成的政治制度。权威通过各个社会等级往下传，从国王（在许多政教制度中自称其权威受之于天）起传到贵族、乡绅等阶层，最后传到住在茅舍、地位最卑微的一家之长。这种制度在其能够得到人们的效忠时，具有使社会凝聚起来的优点。其缺点则在于专制统治者没有施仁政的动力；有许多实例表明这类制度可以变得暴虐和残酷（《权力》，第189页）。

罗素说，君主制的天然继承者是寡头政治，后者有许多不同的形式：贵族统治、财阀统治、教会统治或政党制度。在中世纪的自由城以及拿破仑占领前的威尼斯，由富人掌权治理，罗素认为这种统治运作得很好，但是他认为现代的实业大亨还达不到同样的水平（《权力》，第193页）。正如君主制在取得臣民效忠时能够产生社会凝聚力一样，教会统治和政党寡头政治通过共同的信仰和意识形态也能做到这一点；但是它们的重大危险在于其对自由的威胁。这类寡头政治不能容忍与他们观点不同的人，也不允许可能向他们垄断的权力进行挑战的组织存在（《权力》，第195—196页）。

然而罗素看到，在各种寡头政治下，只要保证有自由，就可以得到一种好处，即它们允许一个有闲阶级的存在。理由在于闲暇是繁荣精神生活（文学、学术和艺术）的一个条件。在过去这要许多人做出牺牲，这些人不得不做长时间的劳动，好让少数人得以享受所需要的各种自由。但是罗素相信，只要善于利用现代工业技术，"我们就能够在二十年内消除全部赤贫、大约半数的疾病、压迫世界十分之九人口的整个经济奴役制度：我们能让世界充满美丽和欢乐，保证世界和平"（《政治理想》，第27页）。罗素在1917年发表了这些带有空想性质的议论，在战争的黑暗年代给人点燃了希望之光，但是这些话并非完全没有道理：有了科学的成功并将其合理应用于和平目的，就没有理由认为不应让更多的人享用更多的闲暇，从而让他们可能有更多的条件去过充满创造力的富裕生活。这样一种可能性否定了维护允许有闲阶级存在的社会结构的论证，转而赞成民主政治，发出追求正义的强烈要求。

罗素说，民主政治与寡头政治的不同仍然只是个程度的问题，因为即使在民主制度下也只有少数人能够掌握真正的权力。这就使罗素对于受到高度赞扬的英国议会模式也表现出不屑一顾的轻蔑态度，因为一般议会议员实际上只不过是他（或她）的政党手中的投票工具。但是民主政治的前景还不是漆黑一团，因为虽然民主政治不能保证有好的政府，却可以防止某些邪恶，主要是靠其确保不让坏的政府永远掌权（《权力》，第286页）。

在罗素看来，民主政治最大的优点是它与受到他高度评价的“个人自由学说”紧密相关。这个学说由两方面组成。第一个方面是个人自由受到正当法律程序要求的保护，使人免受任意逮捕和惩罚。第二个方面是个人有不受当权者控制的行动范围，包括言论与宗教信仰的自由。这些自由并不是没有限度的；例如在战时为了国家安全，也许有必要限制言论自由。罗素认识到在整个社会利益与希望得到最大自由的个人利益之间的确可能有很多对立。他说：“一个政府在它能够信赖人们行动上的忠诚时，给予他们思想自由并不困难；但是当它不能得到人们行动上的忠诚时，事情就会比较困难。”（《权力》，第155页）

对于罗素来说，政治组织的问题从根本上说是经济组织的问题。罗素早年，在第一次世界大战之前，是个自由贸易的拥护者，他还一直是个自由企业的支持者，其有力理由便是他反对让经济力量过分集中在任何一个集团手中，不管是资本家还是政府。他看不出有什么理由认为人不该富有，只要钱是自己挣来的，但却反对继承财富的思想。尽管他成年时期绝大部分都站在社会主义一边，但这却是某种经过特别修正的社会主义。他说，政府控制经济事务是为了防止经济上的不公正。但是正如从苏联进行的实验所看到的，把生产资料的所有权或控制权都收归政府并不是最好的办法。罗素还是喜欢那种在法国叫作工联主义而在英国则叫作行会社会主义的学说；这种学说主张工厂应由本厂工人管理，而企业也应组成行会。这些行会将向国家交税，以换取原料，此外则有权决定工资和工作条件以及出售产品。各行会还可以自己选出代表大会，而产品的消费者则选出议会，两者结合起来便可以构成国家政权，决定税收并作为国家最高法院裁决工人与消费者的利益（《自由之路》，第91—92页）。为了确保行会的存在不危及自由，特别是发表意见的自由，罗素建议每个人不管是否工作都应得到一份微薄的最低薪金，这样每个人只要愿意都可以保持相当的独立性。任何一个想得到超过这份最低薪金的人就要去工作，工作越多就越富有。对此，明显的反对意见是：这个方案是行不通的，因为如果人们选择不去工作，那么就会出现没有税收同时却要得到最低薪金的局面。罗素对这种反对意见表示不屑一顾，他说大多数人都愿意为了过富裕的生活而去工作；不管怎样，行会社会主义下的工作条件和生活条件都比较舒适，所以人们不会反对工作（《自由之路》，第119—120页）。

行会社会主义的重大原则问题是**权力**（这个最重要的政治商品）的下放。照罗素的观点看，权力的集中，特别是集中在政府手中，增加了战争的可能性。因此把权力分散到许多集团或个人手中是非常值得向往的事情。“除了维护秩序以外，实现国家的积极目的不是靠国家本身，而是应该尽可能靠各个独立的组织。这些组织应该得到完全的自由，只要它们满足国家的要求即提供的钱不少于必需的最低薪金。”（《社会改造原理》，第75页）罗素在其较早时期的政治思想中就表现出这种观点，此后一直坚信不疑。他在《权力》一书中争辩说，目前比任何时候都更有必要防范官方的暴政、宣传和警察，就后者而言他首次提议事实上应该对监管者进行监管：一支警察力量应完成通常为了逮捕嫌疑罪犯而搜集必要的证据并提出指控，而另一支警察力量则应搜集证据来证明这些人无辜。

罗素在政治上反对权力集中的倾向与他对国家主义所抱的敌视态度密切相关。第二次世界大战之前，他指责国家主义是一种“愚蠢的思想”，是“我们这个时代最危险的恶行”，它预示着欧洲的毁灭。第二次世界大战之后，他看到国家主义在苏联和美国重新抬头，只是这次由于两国都拥有大规模毁灭性武器而危险得多。他争辩说，制止国家主义及其威胁的办法就是建立世界政府。

从表面上看，这种信念与罗素反对权力集中的信念似乎不大一致，他也承认把军事力量交给一个唯一的世界权力机构的危险。但是他认为这比再发生世界大战要好得无法估量，在这种战争中会使用具有更大毁灭力的武器，从而可能消灭地球上的生命。在罗素看来，这是罪大恶极，所以不管什么事情都胜过它。但是建立一个世界政府并不一定仅仅是两害相权取其轻之举。要对世界政府保持某种程度的控制，一个办法也许是除了军事力量之外，把权力尽量下放给最小的实际运作的地方单位。然而罗素最后还是说：

> 一个世界国家或国家联合体，如要取得成功，就必须尽可能在由战争来决定的意义上，而不是靠海牙国际法庭所会

采用的法律准则来决定问题。权威的功用应是使诉诸武力成为不必要，而不应做出与通过武力所达到的目标截然相反的决定。

（《社会改造原理》，第66页）

怎样才可以产生一个世界政府？各国政府不大可能愿意放弃其主权来支持一种乌托邦式的理想。照罗素的看法，最有可能使用的方法是一个强国或强国集团最终将控制世界，从而在事实上构成世界政府。按照冷战的说法，北约与华约（或者更准确地说是其各自主要国家）可以看作是在为了取得这一结果而相互竞争。罗素认为这类似中古时期正常运作的政府的发展：国王取得权力，然后通过一种演变过程，主权越来越受到民主的控制。他认为这样一种过程也许可以发生在世界政府身上。“国际关系中由秩序来取代无政府状态，如果得以实现，那将是通过某一个国家或国家集团的超级力量来完成的。只有在建立这样一个唯一的政府之后，走向民主形式的国际政府的演变才有可能开始。”他认为这也许要用一百年，在此期间大概已经开始赢得“某种程度的尊重，从而有可能把权力建立在法律和意见而不是武力基础之上”（《对改变中的世界的新希望》，第77—78页）。

罗素关于政治和政府的全部思想中有一个主题，这就是让个人自由与国际和平取得平衡的问题。但是它们之间的竞争最后还会分出胜负。如果人类被战争消灭，那么不仅没有这样的自由，而且连这样的自由的可能性也没有了。因此罗素为了拯救人类而愿意牺牲或者推迟获得自由。自然他希望能够同时拥有和平与自由；但是根据他从人类身上得到的经验，他却无法否认人类的贪婪、残暴和非理性以及其他共有的特点使得这种希望难以实现。他写道，这种想法使他常常陷入绝望。第一次世界大战时期，看到多少万人被迫在欧洲的土地上进行毫无意义的相互残杀，他已经感到绝望。第二次世界大战之后，核武器的可能受害者不再仅仅是军队，甚至也不再仅仅是各国人民，而是（最坏的一种可能）世界上的全体居民。这该使罗素感受到多么大的绝望。从一种观点看，只有极少数人具有看清这一事实的眼光，也只有极少数人具有感受到其恐怖可怕的想象力。罗素特别值得称道之处正在于他兼备了这两种优点。

战争与和平

罗素反对过布尔战争和第一次世界大战，支持过第二次世界大战中盟国的战争努力，并曾有力地奔走阻止第三次世界大战的立即爆发，还强烈抨击过越南战争的现实。他终生致力于向战争宣战，直到以九十七岁高龄去世为止。他早年和晚年的反战活动都招来敌视并使他被关进监牢。然而现在谁也不能说他站错了立场；而当极端爱国狂热和沙文主义表现冷却下来，人们比较清醒地权衡付出这笔巨额经费的理由时，他们才在事过之后开始像罗素当时以天才的眼光所观察到的那样来看待战争。

罗素从未改变过他认为没有必要打第一次世界大战的看法。德英两国在1914年除了国家荣誉和某些有关帝国利益问题可以

“不说是吧！最后问一次：谁是幕后主使？”

图11　这幅漫画出自《标准晚报》，表现的是罗素于1961年9月被判入狱一周的情形，原因是他被认定在伦敦市中心举行的悼念广岛的大型和平集会后扰乱公共秩序

解决的摩擦之外，并不存在真正的争执。他认为本来可以通过谈判避免敌对行为，谈判本来会缓解德国情理之中的不满，感到它在殖民地竞争中未能顺利取得本来也许可以取得的成功。然而欧洲各国的外交部里的职位却被一些贵族所占据，决定他们行为动机的是骄傲自大而不是基于常识的考虑。

在第一次世界大战期间，反对罗素的人争辩说，德国的罪行是侵略和扩张主义，并谋取在欧洲的霸权；这威胁到英国的自由，因为一旦德国战胜，一切事物都会打上专制和官僚制度的烙印。

所以英国有足够的理由来打仗。罗素既不承认这种嫁祸于人的理由，也不相信英国如果不打仗便会招来那种可能有的后果；他认为这会很像重演一遍1871年普法之间那次短暂而具有决定性的冲突。但是即使德皇获得胜利——这是件坏事，但也比不上大战本身那样邪恶——罗素的主要论点仍然是：人们总得有压倒性的正当理由才能去打仗，而这在1914年是不存在的。

1939年的情况却非常不同，在1930年代，罗素实际上是个绥靖主义者，正如我们可以从1936年出版的《怎样获得和平？》这本书所看到的那样。然而他并没有让该书重印，因为当他写完时他已经感到这并不是诚实的态度，1930年代的形势与1914年太不相同了：

> 我能以不心甘情愿的态度来看待德皇统治下的德国有可能取得凌驾他国的地位。我认为这虽然是件坏事，却比世界大战带来的灾难小。但是希特勒的德国却是另一回事。我觉得纳粹党人令人十分反感——残暴、顽固、愚蠢。从道德和理智上讲他们都同样让我憎恶。
>
> （《自传》，第430页）

他觉得被这样的人打败这个念头是“不可忍受的，最后才有意识地、明确地决定我必须支持为争取第二次世界大战的胜利需要做的事情，不管取得胜利可能有多么困难，其后果又是多么痛苦”（出处同上）。

太平洋战争由于对日本城市投掷原子弹而取得令人惊骇的结局，这立即让罗素注意到必须对某种全新的事物加以考虑。1945年11月他在上院的讲演中给贵族议员们发出了警告。最初他想到美国应该利用原子武器的优势迫使俄国不发展这种武器。这曾被人解释为罗素要求美国应该对俄国发动一场先发制人的原子弹攻击；但实际上他并未走到这一地步。他看到美国有机会凭借其军事优势来建立世界政府，便力促它这样去做。尽管他认为美国有许多缺点，他还是喜欢它的自由和民主的总趋势而不是苏联的模式。在第二次世界大战以后的岁月里，罗素甚至还加深了他对苏联的敌视（1920年代初期对苏联的访问就使他相当反感）。十五年后他开始用同样激烈的言辞来谴责美国人，由此可以看出他对越南战争的憎恶程度。然而这种态度的改变并不是突然发生的。美国的麦卡锡主义及其在海外由好斗的麦卡锡主义分子推行的反共外交政策逐渐使他认为美国人对和平的威胁比苏联更大。1961年古巴导弹危机加强了他的这种看法。从此以后他坚决反对美国。

在原子武器问题上促使罗素改变态度的首先是苏联在1949年获得了原子弹，然后是1954年英国在比基尼岛进行了核试验。对于后一件事他发表了一篇有名的圣诞节广播演讲，题为《人类的危险》，警告英国和全世界，提醒每个人注意现在面临的可怕危险。这篇演讲是个转折点；此后才真正开始了反对储存大规模毁灭性武器的运动。给他的信件像潮水一般涌来。他利用这次广播的势头，组织了一次由知名科学家签名的国际性请愿书。他从未停止英国应该废除其核武器的要求，他争辩说这样做的理由之一是给其他国家在道义上带个好头。

1950年代随着国际局势的恶化和他个人的努力遭受到挫折，他对于应该怎样对付世界目前面临的危险在看法上有了改变，他写文章，发表广播演讲；除了请愿，他还组织过一次让“铁幕”两边的科学家坐在一起的讨论会；他参与建立核裁军运动的努力并担任第一任主席。由于这些和平的和认真说理的手段在政府的顽固态度面前屡次碰壁，他变得更加绝望了。他辞去了核裁军运动中的职位，参加了激烈得多的一百人委员会，后者开始了一场非暴力反抗运动。这场运动使他再次身陷囹圄，与他第一次入狱时间相隔42年。在这里没有什么谈论理论的余地，因为罗素感到没有时间去谈理论；需要做的是行动。

到了晚年，罗素的注意力完全集中到越南战争上。现在他周围的人以他的名义发表一些出版物和新闻稿件（从语法和口气上看，不像出自他本人之手），他攻击美国，特别是其军事联合企业和中央情报局，指控它们侵略越南，犯下战争罪行，他同让-保罗·萨特和其他人一起倡议组成国际战争罪行法庭，旨在让美国为其在越南的行为受到审判。当时人们认为法庭对美国的指控纯属歇斯底里的叫喊。随着后来美国政府档案的公布，许多指控现在已经证明属实。

罗素反对第一次世界大战并且反对越南战争，其中至少有一个方面很明显是前后一贯的。这就是他认为两者都不存在真正的善受到危害的问题，两者都是受人类最卑劣的本能——残暴、愚蠢、侵略的本能所驱使，这些本能一旦失去控制便什么事都干得出来：轰炸妇女和儿童，使用有毒化学物质，用宣传和谎言蒙骗本国人民。罗素在他度过漫长的一生到临终一定会发现这一事实的可怕，即从1914年到1970年之间军事武器的毁灭力已经发展到前所未有的水平，但是人类却丝毫也没有改变。

第五章

罗素的影响

如果你想看清罗素的重大贡献，那就要观察一下，从两次世界大战之间的年代起在英语世界中发展的主流哲学。另外还要看一看逻辑和数理哲学的发展、20世纪西方世界中道德风气的改变，以及为了防止核武器扩散而进行的种种努力。全面讲述其中任何一个问题都要提到罗素。

在上面说的某些方面他只是众多角色中的一个；比如说促成20世纪的道德革命就绝非他一人之力。他在核裁军运动中站在更靠近中心的位置，正如第一次世界大战时期他在和平运动中的地位一样。

但是在哲学领域，正如第一章所说，他的地位却重要到无所不在的程度。他的哲学继承者是按照他的风格进行哲学工作的，所讨论的是由他认定或由他赋予当代说法的问题，使用的是由他发展起来的工具和技术，他们大体上也都认同他所抱有的目标和假定。正是由于这种影响无所不在，20世纪比他年轻几代的哲学家中许多人几乎意识不到这一切都是由他开创的，这就足以衡量他的影响的深远程度了。

儒勒·威勒曼说，当代哲学是从罗素《数学的原理》一书开始的。著名美国哲学家奎因在引用这句话时换了个比喻：在他看来这部著作是“20世纪哲学的胚胎”（W.V.奎因，《为纪念文集所写的评论》，载皮尔斯，《伯特兰·罗素》，第5页）。奎因本人就是读了罗素才被吸引到哲学上来的。他年轻时在逻辑、科学、哲学各方面最初所受的教育就是靠读罗素的书得到的；同许多人一样，他感受到这些书的“吸引力”，先是投入逻辑和数理哲学的研究，后来又钻研认识论和科学哲学。奎因写道：“罗素在逻辑上的真正科学精神在他关于自然知识的认识论上得到了反映。这种反映在1914年出版的《我们关于外部世界的知识》一书中尤为明显。这本书使我们当中一些人很受鼓舞，卡纳普无疑是其中之一，使我们充满了建立现象论的新希望。”（同上书，第2—3页）奎因把该书同罗素关于逻辑原子主义的讲演以及《心的分析》和《物的分析》一起当作富有开创性的著作：“它们对于本世纪的西方科学哲学永远不会失去其重要性。”（出处同上）而罗素的逻辑对于他的哲学也永远不会失去其重要性。“罗素的名字同数理逻辑是分不开的，对此他做出了很大贡献”——特别是摹状语[①]理论和类型论。

罗素首创了类型论，目的在于克服正当他努力把数学建立在逻辑基础之上时所发现的一些悖论。在为解决这个问题而做出努力时，他全面考察了一些可供选择的方案，包括一个后来在集合论中占了上风的设想，以致不无讽刺意味地取代了罗素最后构想的那个方案，这就是恩斯特·策梅罗所发展的理论。然而罗

① Description，通译作摹状词，似不妥。因为它不是一个词，而是一个短语，例如“《红楼梦》的作者”“美国的第十任总统”等。故改译为摹状语。

素的类型论在哲学上却发挥了重大影响。这个理论的主导思想在1920年代和1930年代曾被逻辑实证主义者采纳，用来攻击形而上学；吉尔伯特·赖尔曾用这个理论的不同说法来消除“范畴错误”，这种错误具体表现为某人认为牛津大学是一个存在于其所有学院和机构之外的实体。按照奎因的看法，类型论还对胡塞尔产生过影响，此外类型论连同罗素的逻辑的其他方面也影响了伟大的波兰逻辑学家斯坦尼斯拉夫·列斯涅夫斯基和卡济米尔兹·艾杜凯维奇（皮尔斯，《罗素》，第4页）。

此外还必须提到摹状语理论的重要性。奎因说：

> 罗素关于摹状语的逻辑理论在哲学上很重要，这既是由于它直接影响到涉及意义与指称的哲学问题，也是由于它具有作为典型哲学分析的示范作用。罗素的逻辑类型论在有关本体范畴的形而上学、逻辑实证主义的反形而上学及超出哲学外围的结构语言学等方面都同时促成了新的转向。威勒曼认为他的逻辑工作开创了当代哲学，难道这还有什么令人惊奇之处吗？
>
> （皮尔斯，《罗素》，第4—5页）

罗素逝世后，吉尔伯特·赖尔对亚里士多德学会宣读了一篇悼词。该学会是英国主要的哲学俱乐部，罗素从1896年起就经常去那里宣读论文。赖尔在这篇悼词中讲明他认为在哪些方面罗素给20世纪哲学划出了全部轨道（《罗素：1872—1970》，后收进罗伯茨编《罗素纪念文集》)。一个方面是“罗素给哲学思想方法带来了新的哲学工作风格,我认为这实际上是靠他独自完成的”(同上书,第16页)。这就是使用困难的实例来检验哲学论点,是一种旨在仔细考查哲学主张和哲学概念的概念性实验。例如,在《以类型论为基础的数理逻辑》这篇论文中,罗素列举了七种需要由一个有效力的理论来解决的矛盾,并把能够处理所有这些矛盾作为检验他的类型论是否可以成立的标准。这种技术现在已经成为哲学方法中习以为常的东西。设计“思想实验”就是用来检验一种观点的有效性。例如在伦理学中把一个原则应用到许多各自不同的越来越困难的个例上,看其能否适用;或者例如在法庭上或形而上学上关于人的身份概念的重要讨论中,人们设计出想象的“存在测验”来确定人在经过这些测验之后是否还是“同一个人”。

但是在赖尔看来,更为重要的是罗素把形式逻辑这一学科引进哲学中来的方式。“接受后亚里士多德形式逻辑的一些训练相当快地被认为是未来哲学家的一个不可缺少的条件,这要归功于罗素,并在较低程度上归功于弗雷格和怀特海。”(同上书,第19页)赖尔的职位使他对此深有了解;在保证牛津大学课程表的变化上,他是起过作用的。而接受逻辑训练的理由就在于逻辑引进严格性并且可以给人带来那种体现为罗素关于摹状语和类型论的洞见。同奎因一样,赖尔认为这些理论在具体说明怎样可以区分意义与无意义上特别重要,因而照他看来它们分别影响了早期维特根斯坦和逻辑实证主义者。

图12　路德维希·维特根斯坦(1889—1951),罗素战前在剑桥大学的学生

威勒曼把罗素的第一次重大努力，即赋予数学以逻辑基础称为分析哲学的熔炉。这无疑是正确的，也就是说罗素在这里通过最初阶段的和有时还是不完整的形式初步指明了分析哲学的主要方法和问题。但是奎因的话也是对的，他说罗素自1903年到大约1930年整个这段时期的著作（包括书和论文）是分析哲学的基础。然而其中某些篇章却更直接显示出后来哲学发展的萌芽。例如《我们关于外部世界的知识》的第二章，该章标题为“逻辑是哲学的本质”。这一章从两个方面讲都是一篇示范性文献。首先，它最清楚地讲明罗素分析风格的目标、动力和方法。其次，它包含了维特根斯坦在《逻辑哲学论》中所采用的哲学规划的蓝图，显示出这些思想的萌芽和发展。

罗素在《我们关于外部世界的知识》第二章的开头就说：哲学问题，“只要是真正的哲学问题，全都可以还原为逻辑问题”（《我们关于外部世界的知识》，第42页）。他的意思是说，哲学问题可以通过使用初等数理逻辑的技术得到澄清或者消除。这些技术“让我们能够容易处理比文字推理所能列举的更加抽象的概念；它们向我们提示用其他方法无法想到的富有成效的假说；它们还使我们能够很快看清什么是可以用来构建某一特定的逻辑或科学大厦所需的最少量材料”（同上书，第51页）。他在《我们关于外部世界的知识》后面几章所提出的关于知觉和知识的理论尤其明显是在数理逻辑的启发下产生的，“没有数理逻辑这些理论是绝对不能想象的”（出处同上）。起主要作用的是这种思想，即认为逻辑确定事实的**形式**并确定表达事实形式的命题。摹状语理论一直就是通过显示命题的形式来解决重要问题的分析典范。罗素甚至早先就已经用形式分析表明所有命题并非都是主谓形式，而是表示关系；照他看来这本身就反驳了观念论并为多元论的假定提供了正当理由。

罗素在《我们关于外部世界的知识》第二章中讨论关系时讲到只有在掌握事实的逻辑形式的分类之后才能正确理解关系。这里已经预示出维特根斯坦的《逻辑哲学论》的蓝图。这种提法并不意味着罗素的观点是从维特根斯坦那里学来的，因为在罗素写出这一章之前两年中维特根斯坦是他在剑桥的学生；情况正好相反：维特根斯坦倒是向罗素学到这些思想的。这种主张的理由根据可以简述如下。首先，有必要重温维特根斯坦在《逻辑哲学论》中的论证。用维特根斯坦自己的话并且重新安排其编号系统（目的在于显示论证的结构），《逻辑哲学论》的基本论点是：

1. 世界就是全部的实际情况。

1.1 世界是事实而不是事物的全体。

2. 实际情况——事实——就是事态的存在。

2.01 事态（事物的状态）是客体（事物）的组合。

2.02 客体是简单的。

与这种关于世界结构的简朴描述相平行的是关于命题中所表现的思想的相应结构的描述，这种关系维特根斯坦称为“图映”关系。

4. 事实的逻辑图像就是思想。

3.1 思想在命题中得到可以由感官感受的表达方式。

3.201 思想能够在命题中得到表达，其方式是命题符号的组成元素与思想中的客体相对应。

5. 命题是基本命题的真值函项。

4.21 最简单的命题即基本命题断言事态的存在。

还有其他等等关于细节的论述。不用说，支持这些论点的逻辑思想当然是读罗素早期著作的人所熟知的；但是这些论点主要涉及的却是结构概念和以摹状语理论为典型的逻辑分析手段。更引人注目的是维特根斯坦在《逻辑哲学论》中和罗素在《我们关于外部世界的知识》第二章中所分别表达的实际内容。罗素在这一章中写道：

> 现有世界是由许多具有许多性质和关系的事物构成的。对现有世界的完全描述也许不仅需要列举这些事物，而且需要谈到它们的所有性质和关系。……当我说“事实”时，我并不是指世界中的简单事物；我指的是某种事物具有某种性质，或者说某些事物具有某种关系。……照这种意义讲，一件事实从来不是简单的，而是具有两个或更多的组成部分。……给出一件事实，就有一个表达这件事实的命题……（这样一个命题）将被称为原子命题，因为我们立即可以看到，原子命题组成其他命题的方式正像原子组成分子

一样……为了在语言中保留下事实与命题之间的类似关系，我们将把这些我们一直在考察的事实叫作“原子事实”。

（《我们关于外部世界的知识》，第60—61、62页）

还有其他类似的话。

罗素在这里提出的只是一个轮廓，并不是正式的说法。维特根斯坦在《逻辑哲学论》中把他的论点表述得更为详细，而且附有系统的编号，外观上显得很严格，尽管事实上这只是个部分的论证。维特根斯坦小心翼翼地把他的语言——世界的平行结构与认识论的考虑分离开来，而罗素则给出了事实、性质和关系的实例：“这是红的”是原子事实的一个实例，而“今天是星期一，天在下雨”则是分子事实的一个实例。

维特根斯坦的《逻辑哲学论》的基本思想来自罗素的这些思想，这一点可以从以下事实得到证实：罗素在他的《我们关于外部世界的知识》第二章中所写的提纲概括了他想在一部现今取名为《认识论》的稿子中详细叙述的内容。（这一书名是在他身后整理出版这部稿子时所取的。）当罗素于1913年写作本书时，维特根斯坦还是他的学生。他把稿子交给维特根斯坦看，后者批评了其中关于亲知和判断的讨论。正如前面所说，“亲知”是罗素给主体与各种不同种类客体之间的基本认知关系所起的名称；“判断”则是一种复合关系，大体上可以描述为：只要对命题的组成部分有亲知的关系，就承认该命题为真。我们不知道维特根斯坦的批评意见的细节；罗素在一封信中曾复述这些批评，他说：“我们两人都因情绪激动而有些急躁。我让他看的是我刚刚写出的中心部分。他说这些全是错的，未能理解到那些困难（他说已经试用过我的观点，知道它行不通。我不理解他的反对意见），实际上他讲得很不清楚，但是我却确信他是对的。”主要由于这个原因，罗素只发表了这份稿子的一部分，并且在若干年后放弃了亲知这个在其中占有中心地位的概念。但是这个基本构想（即认为分子命题可以分解为原子命题，而这些命题则表达在结构上与之类似的事实，并以事实与命题之间的关系来保证我们对于命题的理解）却仍然在《我们关于外部世界的知识》第二章中保留下来。维特根斯坦在《逻辑哲学论》中正是依附这个骨架而赋予它多少有些不同的血肉的。

维特根斯坦的观点就是这样来自罗素的思想，这一点并不令人惊奇。实际上罗素是维特根斯坦唯一的哲学老师；除了少数可举出的著作外，罗素的著作是他主要的哲学读物。他的朋友戴维·品森特在其日记中写道：“很明显，维特根斯坦是罗素的一个弟子，得益于他甚多。”由此可以清楚看出，从罗素著作中最早生长出来的哲学支脉就是维特根斯坦的《逻辑哲学论》。可以这样说，通过某些复杂的和这一次甚至是反面的方式，罗素也是维特根斯坦后期哲学的主要影响人之一。

如果受罗素影响的人包括我们已经提到过的那些名字（奎因、卡纳普、逻辑实证主义者、维特根斯坦和赖尔；对于这个名单，还应当加上艾耶尔的名字，因为他同奎因一样是自己承认这种影响的），那么威勒曼认为罗素是20世纪分析哲学的奠基人和主导精神的说法就无疑是正确的。但是关于这一点还有很多话可说；事实上也真有人把这份荣誉奖给别人。

不幸的是R.C.马尔什所编的名为《逻辑与知识》的罗素论文集没有索引。这本论文集把罗素某些最重要和最有影响的文章收集起来，所以其中大多数文章是分析哲学家所必读的。这些文章包括《关系的逻辑》《论指示》《建立在类型论基础上的数理逻辑》《论亲知的性质》《逻辑原子主义的哲学》《论命题的性质和表示意义的方式》等等。由于不附索引，仔细阅读这些文章的学者往往在书后面空白页上做出自己的索引。看一看我自己的索引就发现不仅有在罗素著作选集中预料会有的题目，如摹状语、指示、类型、逻辑虚构、分析、亲知、感觉材料、关系、共相、特体、事实、命题等的出处；而且还有一个看来像是分析哲学中常常遇见的概念表，如命题态度、模态与可能世界、含糊性、自然主义、真理函项性、心的本性、证实、真理、存在、意义等等。这其中很大部分来自罗素本人，所以罗素的著作在兴趣焦点和探讨范围上都促成了哲学史上一个明显的方向性变化。甚至罗素在书中表示感谢时（他在讲到自己受到别人启发而表示感谢时总是非常慷慨大度，实际上是过了分）最常提到的五个同时代人（即皮亚诺、弗雷格、怀特海、摩尔、威廉·詹姆斯）当中，只有一个人在讨论这一类题目上并在较小范围内可以与他相比，这个人就是弗雷格。

但是尽管弗雷格影响了罗素，并且在数理哲学和语言哲学中做了卓越的工作，他对罗素所起的影响却比人们所认为的要小：罗素最初读弗雷格的著作时并不理解他，只是等到自己重新发现弗雷格的某些观点时才掌握了它们的意义；甚至这时他在诸如弗雷格关于意义与所指之间的区别等某些重要论点上也并未采用弗雷格的观点，而是自己另外做出一个不同的、不太方便的区别。弗雷格的着眼点尽管比罗素的深刻，却比较狭窄，所以罗素把数理逻辑的新观念应用到较宽阔的哲学问题上是前无古人的。因此他的贡献具有伟大的独创性。

罗素的影响也在其他方面起到作用。他在《我们关于外部世界的知识》一书第三章中处理怎样说明空间知觉这个问题时通过构建一个"模式假说"来提供一种可能的解释，即怎样才可以说明一些个体在视觉和触觉中所经验到的配景相当不同的个人空间与其他个体的个人空间得以在公共空间中协调一致。他的办法是通过建立一个模式，然后"削掉假说中多余的东西，剩下的也就是我们可以看作是对这个问题做出的抽象解答"（《我们关于外部世界的知识》，第94页）。他带领我们通过构造的模式一步一步地展示怎样克服感觉世界与物理世界之间表面存在的一种重要的差异。以后P.F.斯特劳森在其著作《论个体》中就采用类似的技术，构建了一个纯听觉的世界，以便探讨基本特体与再认同等概念。A.J.艾耶尔在《哲学的中心问题》中也用它来确定就知觉能力和概念能力来讲我们在多大程度上承认知觉者是知觉经验的基础。还有一些其他实例。

罗素遗产的一个突出特点就是其影响几乎全在哲学方面而不在数学或逻辑方面。这件事实需要加以说明。G.T.尼伯恩讲过："尽管《数学原理》给了20世纪逻辑学家和哲学家以很大启发，尽管该书提供的概念和符号设计无比丰富，这部伟大著作在数学基础文献中仍是一部后继无人的经典。”这个评价严格来讲并不正确；《数学原理》所引进的逻辑记号系统现在已成为通用的标准形式的基础，而《数学原理》中的某些技术则有了不同的形式，例如奎因的类型论。但是这个评价从广义上说却是对的；这就是值得评论的理由。简单说，也许可以这样讲：在《数学原理》写作的同时及以后涌现出大量的数学和逻辑研究，平心而论这就使得《数学原理》很快变得陈旧。人们提出了各种不同的逻辑，并发现了不依靠逻辑的对算术的形式化表述，逻辑和集合论后来也被证明都是相对的（这就是说，从各自不同的研究方法取得的进展表明并没有一种独一无二的或者“绝对的”逻辑或集合论）。策梅罗－弗兰克尔的集合论取代了类型论的集合论，而库尔特·哥德尔的不完全性定理（基本上是说数学或逻辑都不能公理化）也挫败了罗素所追求的逻辑主义（即想以逻辑方式来说明数学知识的来源并使之获得合理根据）的希望。

由此可见，《数学原理》的构想以及罗素为了克服实现这种构想的技术困难而做的尝试之所以有价值，主要在于它在哲学中所起的作用而不是在数学史上的地位。弗雷格的著作也是这样，只不过他在逻辑的某些形式上的技术性创新对其后来的发展起过极其重要的作用。

弗雷格是20世纪初另外一位伟大的思想家，被人誉为分析哲学的奠基人。迈克尔·达麦特是把弗雷格置于20世纪哲学舞台中心的一位学者，他争论说分析哲学的本质就是这种主张，即认为要理解我们对于世界的看法，就必须考察语言，因为语言乃是通向思想的唯一渠道。这就使得语言哲学占据了中心地位，取代了至少自笛卡尔以来就占有这一地位的认识论。据达麦特讲，这种由语言哲学取代认识论的变化本身要归功于弗雷格。弗雷格早于罗素二十年就开始进行同样的计划，即把数学建立在逻辑的基础之上。他发现他当时拥有的逻辑工具没有希望完成这项工作。所以他才着手创造新的工具，并取得成功。他的创新既简化了逻辑，又大大扩展了逻辑的能力。但是他也看到，要实现他的计划，就必须考察指称、真理、意义这些概念；而据达麦特说，这正是转向语言哲学的开始。

毫无疑问，弗雷格的工作在哲学上极为重要。弗雷格曾对罗素产生过影响，这也是没有疑问的，尽管照上面几段所述，这种影响并不那么明确。但是达麦特主张把历史的优先地位给予弗雷格，这一点却令人难以同意——这并不仅仅是由于达麦特的分析哲学观因为不现实而带有局限性。事实上弗雷格的著作在他生前（他死于1925年）很少为世人所知，而罗素则几乎是唯一使之广为人知的人。即使如此，直到1950年代（实际上是直到1960年代达麦特第一部关于弗雷格的重要研究发表之后）弗雷格的著作的重要性才充分被人认识。就这个纯属历史的问题来讲，更正确的说法应该是：弗雷格思想的突出价值在于其理论上的而不是历史上的重要性。而就罗素的大部分著作，如他的关于知觉和知识的理论、他的关于精神和科学的哲学来说，比较公平的说法却正好相反：其重要性是历史上的而不是理论上的。但是罗素的某些著作，上面已经讲过，兼有理论和历史两方面的价值，这也就是为什么罗素著作对分析哲学起到开创作用的原因。

有时人们也曾提出G.E.摩尔对分析哲学起着奠基作用的主张，这并非没有道理。罗素为人慷慨大度，把自己从观念论解放出来归功于受到摩尔的影响，而摩尔的哲学气质和方法也无疑对他产生过影响。摩尔说大多数哲学家都是由于惊奇而开始进行哲学思考，而他自己从事哲学工作的理由却是由于发现其他哲学家所说的话令人惊讶。他的方法是：找出某些哲学研究领域中正在讨论的关键性名词或概念的定义。他对定义的要求是：定义的说法与被定义的名词或概念应该是同义的，但却不包含与之相同的名词。这里的困难在于即使这类定义是可能的（其可能性确实令人产生疑问，即使在字典中常见的字词定义也是如此），它们也仅仅构成一种定义，而其他种类的定义，比如说分析性定义（通过描述某种事物的结构或功能来下定义）和使用性定义（让某种事物显示其作用来说明其自身）不仅更为实用，而且具有更大的显示性，因而在哲学上也就更有价值。摩尔当然承认其他种类的定义的存在及其实用价值，但却认为他所喜欢的那一种是合乎理想的定义；他还认为某些具有根本性质的哲学概念，比如说伦理学中的“善”，是不可能下定义的：这类概念是不可界定的最基本的东西，理论必须从它们开始而不是去说明它们。

摩尔的风格和人格在分析哲学的早期岁月中无疑起过重要的作用。罗素在《我们关于外部世界的知识》一书序言中说，分析在哲学中引进了伽利略在物理学中引进的东西：“用逐步取得的、详尽的、可以证实的结果取代未经检验但却迎合想象的广泛的大原则。”这种说法同样可以很好地刻画出摩尔耐心细致的哲学风格。摩尔的哲学风格表现为先提出一种主张或想法，然后锲而不舍地对之做无休止的分析，直到其各个组成部分都清晰地展现出来为止。这种风格显示不出大的气魄，但在一定限度内却卓有成效。摩尔得到不少人的仿效，然而他的目标和方法主要却是批判性的；他并没有做出任何哲学上的发现。他的主要遗产在于他传播了伦理学中“自然主义的谬误”的概念，这个概念是用某种比如说快乐的自然性质来界定善这一道德性质。一位哲学家影响的大小可以从人们应用他所引进的方法和思想看出来，照这个尺度来衡量，摩尔在20世纪初的地位无法与罗素相比。然而他却帮助树立了分析精神，他那有名的习惯（见到他认为奇怪的哲学说法就会由于吃惊而深吸一口气）使得几代学生和同事在说话和写文章之前更加认真思考。

从上面讨论中我们也许可以看出这个推论，即分析哲学是一个晚近才出现的现象。许多当代富有启发性的思想和技术都来自新逻辑的基本原理，就这种意义来讲，上述说法是正确的；但就另外一种同样重要的意义来讲，分析哲学却代表了休谟、贝克莱、洛克和亚里士多德传统的直接发展。这些思想家中最前面两位（特别是第二位）与莱布尼茨一起构成了罗素的大部分哲学见解的基础。罗素与亚里士多德之间的相似是不难看出的，因为后者同罗素一样，也把他的形而上学的基础建立在逻辑上面，并且为此目的来发展他的逻辑。

对于哲学家罗素的任何评价都不能忽视下述事实，即他的著作远远未能达到倘若遵循自己的方法论建议本该取得的那种严格性和认真程度。在他的著作中确实有一些众所周知的粗心和肤浅之处。在哲学界有一件事经常引起人们的惊讶，这就是他那部最成功和拥有广大读者的《西方哲学史》（我们有理由说这是大多数人的哲学知识来源）在哲学讨论上有若干极不确切的地方，尽管该书有许多其他优点。对于他的某些错误现在的学生在最初写论文时都会注意避免；例如“使用-谈到”的区别，这表明实际使用与谈到一个表达式的重大区别。在上面句子中我使用了“表达式”一词；而我现在则是谈到该词，通过加引号来标明这件事实。这种区别在哲学争论的许多场合都是至关重要的，通过看清“Cicero有六封信”与“‘Cicero’有六个字母”表示很不相同的意思就可以揭示区别的所在。

罗素有时表现出的对力求精细的必要性（这是从事哲学工作不可回避的责任，如果人们想做到精确、清晰和严格的话；哲学也需要想象和创造，然而除非与精确相结合，否则想象就不会给人带来多大成果）的忽视使一些人感到不满。诺尔曼·马尔科姆在评论《人类的知识》时把这本书说成是“一个魔术师喋喋不休的废话”。看来似乎自相矛盾的是，罗素在哲学辩论上提出的标准很高，而照这些已经达到的高标准来衡量的话，他本人有时却没有做到。

然而这些缺点并不严重。罗素有时凭借他那无与伦比的散文，让我们完全为其文章中的机智所折服，行文流畅却不顾条件的限制和细节；在大多数这类情况下，只要读者多加小心，他所造成的问题并不算大。无论如何，他还是意识到自己有时行文过快。他对那种喜欢大量脚注的学究作风很不耐烦。他急于得出实用的结论，找到一种为科学提供最好的经验基础的有效而稳定的观点。特别是在他的一些后期著作中，他的态度是：如果已经勾画出一种理论的大纲，其中细节的充实可留待以后完成。即使这时他的思想仍令人兴奋，有时还很新颖。

但是人们也注意到，上面这些话只适用于罗素在匆忙中工作的情况，可以说他画的是木炭画而不是油画。在最佳工作状态下，他的哲学著作内容丰富，讲述细致、独具慧眼、思想深刻。这句话特别适用于他在1900年到1914年这段时期所写的著作。《逻辑与知识》中收集的文章充分说明了这一点。R.L.古德斯坦在讲到《数学原理》做出的某些贡献时说："在某些方面，《数学原理》代表了理智成就的一个高峰；特别是附有可还原性公理的分支类型论，是逻辑和数学全部文献中最精细和最富创造性的概念之一；这种说法也适用于罗素某些比较重要的哲学著作。"这确实是很高的评价。

人的声誉有着一条几乎不变的曲线。生前不断上升，尽管晚年有所下降，可是到了出讣告和举行悼念仪式的时候，却又突然猛升上去。然后再跌落下来，经过整整一代的时间不受重视。但是这种声誉最终还会恢复并得到后人的公允评价。罗素死于1970年；在其后的几十年里，他的名字（正如上面所讲，不是他的真正影响）只有在讨论那些深受他的著作影响的题目时才会被人提到。其中主要是：关于指称和摹状语的讨论、存在的分析，以及知觉理论的最新发展历史。造成这种退居脚注地位的一个原因是有一段时间维特根斯坦提出了一种与罗素的分析风格十分不同的东西（维特根斯坦的声誉升降却与上述曲线走势不同；在他刚刚死后有三十年一直受到热心门徒的崇拜，但是尽管他的哲学天赋很高，近来也得到了比较冷静的评价）。事实上大多数从事哲学工作的人仍然继续采用罗素的分析风格，但是维特根斯坦思想的名气和他的门徒的充沛活力却使人得出几乎相反的印象。赖尔有一段话可以解答这个问题，他认为罗素并不想建立一个由其门徒组成的学派。他说："罗素教导我们不要思考他的思想，而要去想怎样发展我们自己的哲学思想。一方面我们现在不是、将来也不会再成为罗素的信徒；另一方面我们每一个人现在多少又都是罗素的信徒。"

一般来说，思想家通过对哲学的重大问题（说得通俗一些就是生活的重大问题）提出有吸引力的答案而招来信徒。罗素对于答案则抱着怀疑的态度，尽管他也在全力去寻找。他在《哲学问题》的结论部分谈到哲学的价值时写道：

> 研究哲学的目的不是为了对哲学问题给出确定的答案，因为一般来说人们无法知道确定的答案就是真理，而是为了这些问题本身；因为这些问题扩大我们关于可能的事物的想法，丰富我们理智上的想象，减少那种封闭理智不去思辨的独断自满；但是最重要的还是因为通过哲学静观看到宇宙的

图13　罗素

宏大，心灵也变得开阔起来，从而能够达到那种同宇宙合一的至善境界。

不管人们选用什么尺度，罗素（他通过静观看到许多宇宙）都算是一个有着伟大才智的人。他改变了哲学的进程并赋予它一种新的性质。就人们自身的活动范围来讲，历史上很少有人可以得到这样的评价。即使这样，一些人也是靠偶然机会或短暂的努力取得声誉的，例如亚历山大·弗莱明和加夫里罗·普林齐普，且不必管其各自的好坏如何。与这些人恰成对比，罗素的成就是靠纪念碑式的手段取得的：写过许多本著作和很多篇论文，做过许多次讲演，前后历经几十年，足迹遍及各大洲。因此他确实是一位可以同亚里士多德、牛顿、达尔文、爱因斯坦并肩站立的超乎寻常的伟人。

译名对照表

A

a *priori* knowledge 知识

A.B.C. of Atoms, The (Russell)《原子入门》（罗素）

A.B.C. of Relativity, The (Russell)《相对论入门》（罗素）

acquaintance (immediate knowledge) 亲知（直接认识）

agnoticism 不可知论

algebra 代数

Allen, Clifford (*later* Lord Allen of Hurtwood) 克利福德·艾伦（后称赫特伍德的艾伦勋爵）

Amberley, Viscount (father) 安伯利子爵（父亲）

Amberley Papers, The (Russell)《安伯利文献》（罗素）

An Inquiry into Meaning and Truth (Russell)《对意义和真理的探究》（罗素）

Analysis of Matter, The (Russell)《物的分析》（罗素）

Analysis of Mind, The (Russell)《心的分析》（罗素）

analytic philosophy 分析哲学

anti-realism 反实在论

appearance-reality distinction 现象－实在区分

Aristotelian Society 亚里士多德学会

Aristotle 亚里士多德

atomic propositions 原子命题

atomism 原子论 见 logical atomism

Authority and the Individual (Russell)《权威与个人》（罗素）

axioms 公理

Ayer, A. J. 艾耶尔

B

Barnes, Dr 巴恩斯博士

BBC (British Broadcasting Corporation) 英国广播公司

Beacon Hill School, Cornwall 毕肯希尔学校，康沃尔

Berkeley, Bishop George 乔治·贝克莱主教

Bible《圣经》

Black, Dora 多拉·布莱克

Boer War 布尔战争

Boole, George 乔治·布尔

Bradley, F. H. 布拉德莱

British Academy 英国社会科学院

Broad, Charles 查尔斯·布劳德

Bryn Mawr College 布林·莫尔学院

C

Cambridge University Press 剑桥大学出版社

Carnap, Rudolf 鲁道夫·卡纳普

J

K

L

M

N

O

P

Q

R

S

T

U

V

W

Z

扩展阅读

Russell's works remain their own best introduction, but there is a large literature on Russell and the various aspects of his philosophy, some of which carries much further the debates he started. A. J. Ayer's *Bertrand Russell* (Fontana, 1972) and *Russell and Moore; The Analytical Heritage* (Harvard University Press, 1971) provide a sympathetic introduction. R. M. Sainsbury's *Russell* (Routledge, 1979) gives an absorbing technical discussion of Russell's central work. Peter Hylton's *Russell, Idealism and the Emergence of Analytic Philosophy* (Clarendon Press, 1990) is essential reading for any serious study of Russell's thought. Nicholas Griffin's *Russell's Idealist Apprenticeship* (Clarendon Press, 1991) is an excellent detailed study of Russell's early work in philosophy.

There are a number of collections of essays on aspects of Russell's work. E. D. Klemke (ed.), *Essays on Bertrand Russell* (University of Illinois Press, 1971), D. F. Pears (ed.), *Bertrand Russell* (Anchor Books, 1972), G. W. Roberts (ed.), *Bertrand Russell Memorial Volume* (Allen & Unwin, 1979), P. A. Schilpp (ed.), *The Philosophy of Bertrand Russell*, 3rd edn. (Tudor Publishing, 1951), are to be found in most academic libraries and between them cover much ground.

Alan Ryan's *Bertrand Russell: A Political Life* (Penguin Books, 1988) is excellent on the 'applied' side of Russell's activities.

Other works cited in the main text are: Michael Dummett, *Frege: Philosophy of Language*, 2nd edn. (Duckworth, 1981); A. J. Ayer, *Central Questions of Philosophy* (Weidenfeld & Nicolson, 1973); William James, *Essays in Radical Empiricism* (Longmans, 1912); P. F. Strawson, 'On Referring', *Mind* (1950), reprinted in Strawson, *Logico-Linguistic Papers* (Methuen, 1971), and *Individuals* (Methuen, 1959); and F. H. Bradley, *Appearance and Reality* (Oxford University Press, 1897).